JAMES STEPHENS

DEIRDRE

EINE IRISCHE SAGA VON
LIEBE UND TOD

Übersetzt
und mit einem biographischen
Essay versehen
von
FREDERIK HETMANN

EUGEN DIEDERICHS VERLAG

Initialen gezeichnet von Roland Poferl
Die englische Originalausgabe erschien
unter dem Titel DEIRDRE

CIP-Kurztitelaufnahme der Deutschen Bibliothek
STEPHENS, JAMES:
Deirdre: e. ir. Saga von Liebe u. Tod
James Stephens. Übers. u. mit e. biograph.
Essay vers. von Frederik Hetmann.
1. Aufl. – Köln: Diederichs, 1985.
Einheitssacht.: Deirdre ‹dt.›
ISBN 3-424-00835-4

Erste Auflage 1985

Umschlaggestaltung: Tilman Michalski, München
Satz: Lichtsatz Heinrich Fanslau, Düsseldorf
Druck und Bindung: May & Co., Darmstadt
ISBN 3-424-00835-4

ERSTES BUCH

ERSTES KAPITEL

Einst befand sich Conachúr mac Nessa auf einer Reise und mußte im Haus des Felimid mac Dal, seines Geschichtenerzählers, über Nacht bleiben.

Er ärgerte sich, weil Maeve, seine Frau, nicht mitgekommen war. Doch Maeve verstand es, ihm mehr Ärger zu bereiten als irgend jemand sonst es vermocht hätte. Wenn er an sie dachte, überkam ihn Arglist und Mißtrauen. Immer versuchte er, sie zu überlisten; selten verließ ihn aber das Gefühl, daß sie sich gerade wieder einmal anschickte, ihn an der Nase herumzuführen oder ihn bereits hereingelegt hatte.

Aus diesem Grund war er leicht reizbar und behandelte niemand mit Wohlwollen außer Fergus mac Roy. Aber zu Fergus mußte er freundlich sein.

Unterdessen war die Nacht gekommen und die Zeit, schlafen zu gehen. Es macht aber verdrießlich, allein schlafen zu müssen. Conachúr klatschte in die Hände und fragte den Diener, der erschien: »Ist Felimid mac Dal eigentlich verheiratet?«

»Er ist es, Herr.«

»Dann richte ihm einen Gruß von mir aus«, sprach Conachúr, »und sag ihm, daß sein Weib heute bei mir schläft.«

Der Diener verschwand, und der König blieb allein. Das heißt, er blieb allein seinen Gedanken überlassen, und diese mochte keiner seiner Männer mit ihm teilen. In der Tat befanden sich in dem großen Raum, in dem er saß, so viele Menschen, daß es unbehaglich wurde, aber sie hielten respektvoll Abstand, spielten Schach und sprachen mit gedämpfter Stimme.

Der Diener kam zurück.

»A Rí Uasal!« sagte er unterwürfig.

»Nun?« fragte Conachúr.

»Der Herr des Hauses bedauert, aber seine Frau kann heute nacht nicht mit Euch schlafen.«

»Mal ganz was Neues«, sagte der König finster.

»Seine Frau liegt gegenwärtig im Kindbett«, murmelte der diskrete Diener.

»Daß man mit Frauen auch immer nur Ärger hat«, sagte der König in jovialem Zorn. »Mich ärgert sie, indem sie sich so der Annehmlichkeit, eine Nacht mit mir zu verbringen, entzieht, und meinem armen Felimid macht sie Verdruß, indem sie ihm ein Kind gebiert, ohne das er gut und gern auskommen könnte.«

Er schaute mürrisch auf sein Gefolge. Da stand Cathfa, der berühmte Dichter, neben ihm Conall, dessen Enkel den Beinamen »der Siegreiche« erhielt, der aber auch selbst schon ein angesehener Mann war; dann musterte er Bricriu mit der bitter-scharfen Zunge, berühmt oder infam, das kam auf den Standpunkt an; sein Blick fiel weiter auf Uisneac, der eine der drei Töchter des Cathfa geheiratet hatte und um dessen kleinen Sohn Naoise die Königinnen Irlands noch lange weinen sollten, nämlich solange, wie sich in diesem Land Menschen überhaupt zu erinnern vermögen; und schließlich war da auch noch Fergus mac Roy.

Conachúr ließ seinen gesenkten Blick von einem zum anderen schweifen, bis dieser bei Fergus verharrte. Ihn betrachtete er liebevoll, wohlwollend. Er hatte über die anderen mit gesenktem Blick hinweggeschaut, weil sie gegenwärtig mit ihm nicht in irgendeiner Beziehung standen.

Er musterte Fergus deswegen liebevoll und mild, weil er ihn haßte und ihm bitter Unrecht getan hatte. Jetzt, da er ihn gerecht zu behandeln versuchte, tat er ihm noch mehr Unrecht an. Sein Weib und Fergus mac Roy tauchten häufig in seinen Gedanken auf. Er sah sie dann freundlich an, dachte aber viel über ihre Zukunft nach.

An diesem Abend war der junge König ernstlich bei schlechter Laune. Nicht nur wegen der Abwesenheit seiner Frau, sondern auch noch wegen anderer Vorkommnisse. In rascher Folge waren drei Kometen am Himmel über das Haus des Geschichtenerzählers hinweggezogen. Das Leitpferd am Streitwagen war in ein Kaninchenloch getreten und hatte sich das Bein an der Fessel gebrochen. Einer seiner Diener war an Erbrechen erkrankt, und es sah so aus, als werde das nicht mehr aufhören, bis er sich auch noch seine Seele aus dem Leib gespien hatte.

Conachúr rief nach Cathfa, seinem Vater. »Du bist ein Dichter und solltest in der Lage sein, die verschiedenen Omen zu deuten.«

»Das ist so schwer nicht«, sagte der Zauberer gelassen.

»So rede schon«, forderte der König ungeduldig.

Als er sprach, hörte man von irgendwoher im Gebäude einen plärrenden Laut. Die Männer horchten, sahen einander fragend an oder schmunzelten.

»Da hörst du's«, sagte der Dichter. »Gerade eben ist ein Kind geboren worden in diesem Haus. Ein Mädchen. Es wird Kummer bringen über Irland. Ulster wird es zerstören, gerade so wie ein Frettchen einen Kaninchenbau zerstört.«

Cathfa wandte sich wieder seinem Schachspiel zu, und die anderen schauten betroffen drein.

»Das sind ja ungemein tröstliche Prophezeiungen«, sagte der König.

»Schluß damit. Töten wir das Kind«, schlug Bricriu vor. »Dann wollen wir doch mal sehen, wie die Götter zurechtkommen.«

»Bricriu, meine Seele«, sagte der König, »gewöhnlich hast du Freude daran, Sturm zu säen, aber heute abend kommt von dir einmal ein vernünftiger Vorschlag. Bringt mir das Kind her.«

Sie schafften das kleine Mädchen herbei und legten es ihm über die Knie.

»So, so. Du willst also mein Königreich zerstören und Unheil über das mächtige Irland bringen?«

Das Baby streckte seine Patschhand aus und griff nach einem Finger des Königs.

»Seht euch das an«, sagte er lachend, »sie stellt sich unter meinen Schutz.« Er bewegte seinen Finger hin und her, aber das Kind hielt sich daran fest.

»Ulster steht unter deinem Schutz«, knurrte Bricriu.

Der König, der es nicht mochte, wenn andere ihm einen guten Rat gaben, sah mißbilligend zu ihm hin. »Es ist nicht die Art der Krieger, noch ehrt es einen König, sich dem Schicksal entziehen zu wollen«, sagte er, der später als der weitblickende majestätische König bekannt wurde. »Deshalb wird alles, was geschehen soll, geschehen, und wir wollen alles, was da geboren wird, auch ertragen.«

Cathfa sah vom Schachbrett auf.
»Vielleicht sollte man sie ›die Unheil bringt‹ nennen«, sagte er.
Und von diesem Tag an hieß das Mädchen Deirdre.

ZWEITES KAPITEL

Als Echait Gelbferse König von Ulster war, hatte er eine Tochter, die wurde Assa genannt. Fern vom Hofe ihres Vaters wurde sie von zwölf Lehrern erzogen, und keiner von ihnen vermochte sich zu erinnern, je eine Schülerin gehabt zu haben, so leicht lenkbar, so gut bildbar und so wißbegierig. Dieses Mädchen liebte das Wissen, und deswegen liebte sie Gelehrte und war am liebsten in deren Gesellschaft.

Eines Tages ging sie an den Hof ihres Vaters zu Besuch, und als sie von dort zurückkehrte, hörte sie, daß all ihre zwölf Lehrer ermordet worden waren. Aber niemand wußte zu sagen, wer diese Untat begangen hatte.

Seither war ihr Wesen verändert. Sie legte die Kleidung einer Kriegerin an, sammelte eine Mannschaft um sich. Mit der durchstreifte sie plündernd und mordend alle Himmelsrichtungen. Sie nannte sich nun nicht länger Assa, was soviel bedeutet wie die Sanfte, sondern von nun an war ihr Name Nessa, die Unsanfte.

Cathfa, der Sohn des Ross, war dazumal noch jung, ein mächtiger und ehrgeiziger Mann. Er lernte Magie, und was er gelernt hatte, das wandte er auch an. Er war es auch, der die Gelehrten erschlagen hatte, aber Nessa blieb das verborgen. Vielleicht, daß Cathfa die Lehrer während ihrer Abwesenheit besucht hatte. Junge Zauberer mögen es nicht, wenn man ihnen widerspricht. Nach einer solchen Auseinandersetzung mag er sie wohl getötet haben.

Einst, als sie wieder einmal auf einem ihrer Streifzüge unterwegs war, gelangte sie in eine Wildnis. In einiger Entfernung gab es eine Quelle mit klarem Wasser, und während ihre Leute ein Mahl richteten, ging Nessa zu der Quelle, um dort zu baden. Sie stand im Wasser, als Cathfa vorbeikam, und wie er den Körper des Mädchens erblickte, verliebte er sich in sie, denn sie war jung und hübsch. Er ging näher heran und trat zwischen das Mädchen und ihre Kleider und Waffen. Er bedrohte sie mit dem Schwert.

»Tötet mich nicht!« bat sie.

»Wenn du meine Frau werden willst, werde ich dich verschonen«, sagte Cathfa. Sie willigte ein, was blieb ihr auch anderes übrig.

Sie wurden verheiratet, und Nessas Vater gab ihnen als Brautgabe Land, das nannte man später Rath Cathfa, in der Gegend der Picten, die da heißt Cri Ross.

Nach rechter Zeit wurde den beiden ein Sohn geboren, nämlich Conachúr mac Nessa. Er wurde unter dem Namen seiner Mutter bekannt, und Cathfa schrieb für ihn das Gedicht, das mit der Zeile beginnt: »*Willkommen dem Fremden, der da erschienen ist*!«

Nun sagen aber manche, daß Fachtna, der Mächtige, mit Nessa geschlafen und er mit ihr Conachúr gezeugt habe und nicht Cathfa. Falls das zutrifft, so hätte Conachúr sowohl das Blut von Sterblichen wie das von Göttern in seinen Adern gehabt, denn Fachtna war der Sohn der Maga und diese wiederum die Tochter des Anger mac an Óg vom Palast der Feen. Damit aber ließe sich vielleicht so manches von seinen großen Erfolgen und von seinem schrecklichen Scheitern erklären, denn die Götter sind immer ohne Glück in der Liebe, und somit kann auch der Sohn einer klugen Mutter oder ein Mann mit Erfolgen im Krieg Unglück in der Liebe haben.

Nach einiger Zeit verließ Nessa ihren Mann. Ihren Sohn nahm sie mit. Vielleicht, daß sie entdeckt hatte, wer der Mörder ihrer Lehrer gewesen war. Möglich auch, daß sie ihn nicht mehr liebte, oder aber, sie mochte nicht die Frau eines Zauberers sein. Vielleicht war sie seiner auch ganz einfach überdrüssig geworden. Jedenfalls kehrte sie nie mehr zu ihm zurück.

Als Conachúr jung war, galt Nessa noch immer als die schönste Frau in ganz Ulster. Der damalige König von Ulster, Fachtna der Mächtige, starb und sein jüngerer Halbbruder, Fergus, Sohn der Roy, Weib von Ross dem Roten, Sohn des Rury, kam auf den Thron. Fergus war zu dieser Zeit achtzehn Jahre und Conachúr war sechzehn. Wie Conachúr, so wurde auch Fergus unter dem Namen seiner Mutter und nicht unter dem seines Vaters bekannt.

Nessa kam an den Hof von Ulster mit ihrem Sohn, und während sie dort lebte, verliebte sich Fergus heftig in sie. Sie dachte nicht daran, die Werbung des Burschen abzuweisen, denn er war ein mächtiges, kräftiges Mannsbild. »Ich werde dich heiraten unter einer Bedingung«, sagte Nessa.

»Schon bewilligt«, versprach Fergus.

»Du weißt, wie ich meinen Sohn Conachúr liebe.«

»Auch mir ist er lieb und wert«, bestätigte Fergus.

»Er ist von königlichem Geblüt«, sagte sie, »ich will, daß er König wird, und sei es auch nur für ein Jahr. Wenn du zu seinen Gunsten während des ersten Jahres unserer Ehe auf die Königswürde verzichtest, bin ich bereit, dich auf der Stelle zu heiraten.«

»Ich bin einverstanden«, sagte Fergus.

So geschah es, und ein Jahr lang lebten Fergus und Nessa glücklich zusammen.

Aber Nessa war nicht ausgefüllt von ihrer Liebe. Sie dachte immer noch voller Ehrgeiz an die Zukunft ihres Sohnes. Während dieses Jahres brachte sie eine Ehe zwischen Conachúr und Clothru, der Tochter des Hochkönigs von Irland, zustande. Sie verschenkte ein Vermögen an die adligen und einflußreichen Leute in Ulster, damit diese die Partei ihres Sohnes ergriffen und ihn gegen ihren Ehemann unterstützen sollten. Tatsächlich hatte Fergus so gut wie keinen Anhang. Er war der argloseste Mensch von der Welt. Wenn es nicht um seine Ehre und um Kriege ging, dachte er nicht weiter nach, denn Ärger war ihm zuwider.

Conachúr war während des Jahres seiner Regierung nicht müßig. Seine Fähigkeiten waren wunderbar und seine Energie erstaunlich. Fehden, die sich schon endlos hinzogen, wurden von ihm beigelegt. Diplomatische Konflikte mit anderen Staaten, die im Land schon längst als Bedrohung empfunden worden waren, regelte er scheinbar mühelos. Am nachhaltigsten aber wurde er wegen seiner Rechtsprechung berühmt.

»Selbst ein Narr«, so sagt das Sprichwort, *»vermag ein Urteil zu fällen. Aber wer gibt uns Gerechtigkeit?«* Kein Fall war so verwirrend, als daß nicht seine rasche Auffassungsgabe die Zusammenhänge sofort durchschaut hätte, kein Konflikt so kompliziert, daß er ihn nicht hätte lösen können. Nichts entging seiner Aufmerksamkeit. Er kannte alle, war überall zugegen; alles, was er anfaßte, gedieh zum Besseren, und man sagte, nie habe in Ulster solcher Wohlstand, ein derart gesicherter Friede und ein so hohes Maß an Gerechtigkeit geherrscht wie in diesem einen Jahr. Alles zuvor schien dagegen nur ein matter Abglanz. Conachúr war eines jeden Mannes Freund, und innerhalb kürzester Zeit stand jeder Mann auf seiner Seite.

Als Fergus an seinen Hof zurückkehrte, hatten alle ihn vergessen. Von dem neuen Herrscher waren alle begeistert, ihn übersah man. Die Leute dachten wohl auch, Fergus habe die Königswürde für immer aus der Hand gegeben, sie vielleicht als Hochzeitsgut seiner Frau vermacht. Er mochte sich im stillen darüber ärgern, das half wenig. Die Einstellung des Adels, vor allem aber die Geschicklichkeit, mit der seine Frau zugunsten ihres Sohnes die Fäden zog, führten dazu, daß er schließlich gar keine Anstrengungen mehr machte, sein Königreich wieder in Besitz zu nehmen. Bald war auch er ein eifriger Bewunderer Conachúrs, ja vielleicht sogar der eifrigste im ganzen Land.

Möglich, daß Nessa ihn daraufhin verließ, oder daß sie starb, jedenfalls hören wir nichts mehr von ihr. Conachúrs Eheleben mag glücklich verlaufen sein, aber es währte nur kurz. Nach ungefähr acht Monaten kehrte

Clothru nach Connacht zurück, um ihren Vater, den Hochkönig, zu besuchen. Wir wissen nicht, was im einzelnen geschah, jedenfalls kam es zu einem Streit zwischen Clothru und ihrer jüngeren Schwester Maeve. Diese schlug mit einem Schwert auf Clothru ein und tötete sie. Conachúrs erstes Kind wurde geboren, während dessen Mutter im Todeskampf lag.

Als dies in Ulster bekannt wurde, brach Conachúr auf, um Rache zu nehmen oder Entschädigung zu verlangen. Doch als er Maeve sah, trat bei ihm ein Sinneswandel mit schrecklichen Folgen ein. Er war noch nie zuvor einer so selbstbewußten Frau begegnet. Er hatte sich nicht träumen lassen, daß es auf der Welt eine so unabhängige Frau wie sie gäbe; sie war tapfer, gescheit und von großem Liebreiz. Conachúrs Eigensinn gab nicht nach, da erst einmal die Lust in ihm wachgekitzelt worden war. Sein Verlangen nach Rache und seine Wünsche ließen sich leicht als das Anrecht seines Landes hinstellen. Er heiratete Maeve gegen ihren Willen, ohne ihre Zustimmung, er brachte sie nach Ulster: eine Königin, eine Gefangene, und was immer ihr Verbrechen gewesen sein mochte, auch eine Frau, der zutiefst Unrecht geschehen war.

Fergus mac Roy und Maeve waren Conachúrs Opfer und von ihnen beiden, so wollte es dem König scheinen, spann sich eine Geschichte, so endlos wie die Zeit selbst. Von diesen beiden ... und von Deirdre.

DRITTES KAPITEL

Deirdre wuchs an einem Ort abseits von Emania* auf. Sie sah keinen Menschen außer Lavarcham, die ihr der König als Erzieherin verordnet hatte, und deren Dienerinnen, denn um das Schloß, in dem sie lebte, hielt eine Mannschaft der ältesten und häßlichsten Ritter von ganz Ulster Wache. Deren Aufgabe war es, keinen auf das Grundstück des Schlosses oder aus dem Schloß heraus zu lassen, denn der König hatte sich vorgenommen, das Schicksal zu überlisten, wie er noch jeden überlistet hatte, der sich ihm in den Weg stellte.

Also wuchs Deirdre in Stille und Frieden auf, hörte keine weniger lieblichen Stimmen als die der Vögel, die in der Sonne sangen, oder das freundliche Rufen des Windes, mit dem sie spielte. Sie sah nichts Häßlicheres als die graziöse Linie der Hügel in der Ferne, den vielfarbigen Himmel, der sie zu fliehen schien und doch nie verging, die Tiere, die unbehelligt in den Bäumen um das Schloß lebten und das wilde Reh, das in dem nahe gelegenen Bruch ganz zahm wurde. Alles, worum sie wußte, war freundlich zu ihr. Nichts war hart oder rauh. Wem immer sie sich näherte, es ließ sie herankommen. Nichts und niemand floh vor ihr, noch flüchtete sie vor irgend etwas. Wenn sie Deirdre beobachtete, wie sie so stand oder saß oder ging, verlor die kluge Lavarcham fast den Verstand, denn alles, was schön ist, war hier in einer Ge-

* Emania oder Emain Macha (sprich: Iven Maha), der Hauptort des alten Ulster, der Königssitz Conachúrs. Heute Navan Fort in der Nähe von Armagh

stalt versammelt, so wie ein einziger Sonnenstrahl auch alles enthält, was an der Sonne schön ist.

Der strömende Wind und die wilden Geschöpfe des Waldes, die Wesen der Shi, die Bochanachs und Bananocks und die unsichtbaren Luftgeister hätten innehalten und Deirdre betrachten können, aber dann hätten sie nicht mehr fortgekonnt, denn während sie ganz Auge und Blick waren, hätte die Wahrnehmung der Schönheit sie Schaden nehmen lassen.

Lavarcham war eine kluge Frau. Sie hätte nicht jenen Posten in Conachúrs Haushalt einnehmen, sich nicht auf ihm halten können, wäre sie nicht auch ungewöhnlich schlau gewesen. Sie galt als die Vertraute des Königs. Sie konnte eine unangenehme Wahrheit so geschickt ausdrücken, wie ein Dichter von einem Grübchen auf dem Kinn einer Dame zu reden versteht. Aber ihre wahre Beschäftigung, verborgen nur hinter höflichen Worten, war die eines Spitzels. Sie lief hin und her in dem großen Palast in Emania. Es entging ihr nichts, ob es sich nun unter den Edlen oder bei den Dienern zutrug, und sie meldete es weiter an den König.

Sie vermochte sich jeder Situation und jeder Gesellschaft anzupassen. Ihr Geklatsche mit den Küchenmädchen klang jovial, und sie traf dabei genau den rechten Ton, aber sie konnte sich ebenso in angemessener Weise mit einer jungen Prinzessin oder mit einem alten Barden unterhalten.

Sie wußte viele Dinge, die ein junges Mädchen lernen sollte, und sie hielt von diesem Wissen nichts zurück, sofern es nur für ihr Kleines zum Vorteil war, denn sie hatte längst das Mädchen so sehr ins Herz geschlossen, als wäre dieses ihr eigenes Kind. Tugenden wie Künste waren Teil ihrer Erfahrungen, und so wuchs Deirdre heran in Liebe zur Keuschheit, in Fleiß und Fröhlichkeit. Auf diese Art und mit solchen Unterweisungen gingen die Jahre vorbei, ohne daß sie diese als solche wahrgenommen hätte. Der Tag folgte der Nacht, die Nacht kam nach dem Tag in zeitloser Folge, nur, daß jeder ein zunächst unwahrnehmbares Etwas an Deirdres Statur veränderte, ihre Glieder sich dehnten, ihre Rundungen zunahmen und der unbewußte Schatz in ihrem Gedächtnis wuchs.

Aber unter den Künsten, welche die nimmermüde Lavarcham sie lehrte, gab es eine, auf die Lavarcham wieder und wieder zu sprechen kam; diese Kunst war Conachúr.

Obwohl sie den König nie gesehen hatte, kannte ihn das junge Mädchen wie ein Baby die Mutter kennt. Sie wußte Bescheid über seine Kindheit, seine Jugend und sein Dasein als Erwachsener. Sie wußte, wie sonst nur Lavarcham, warum er etwas tat und wie es dazu gekommen war. Deirdre interessierte all das ungemein, aber es hatte auch eine unvorhersehbare Wirkung. Es drückte dem König das Siegel von Alter auf. Obwohl Lavarcham behauptete, er sei erst fünfunddreißig Jahre alt, war er in der Vorstellung des jungen Mädchens jemand, der Vater oder Großvater eines Berges hätte sein können.

Lavarcham berichtete Conachúr in angemessenen Abständen über ihr Mündel. Wenn er gewollt hätte, die vergehenden Jahre wären in seinem Gedächtnis durch die Geschichten Lavarchams gekennzeichnet worden. Wie Deirdre laufen gelernt hatte, wie sie ihre ersten Worte sagte, wie sie Zähne bekam – das wurde ihm aufgezählt. Wenn sie sich die Knie aufschlug, weil sie eine Uferböschung heruntergerutscht war, wenn sie über einen eben flügge gewordenen Vogel weinte, der tot auf dem Weg lag, er hörte davon und nickte ernst, während ihm dies alles erzählt wurde.

Sie rundete sich; alles war Erwartung und Flaum wie bei einer jungen Ente. Dann streckte sich die Gestalt, alles Bein, Haar und Blick wie bei einem jungen Pferd. Nun erwuchs in ihr etwas Wildes, immer auf dem Sprung, immer beobachtend, mit Bewegungen wie bei einem Rehkitz. Endlich sah sie so aus, wie Lavarcham sie zu beschreiben nicht müde wurde.

Der König aber glaubte nicht einmal die Hälfte von dem, was Lavarcham ihm zutrug, denn er meinte, solche Schönheit, wie sie ihm da geschildert wurde, könne es einfach nicht geben, und er wußte, daß Frauen närrisches Zeug reden, wenn sie anfangen, Schönheit zu schildern. Er war zudem sehr zufrieden mit der Königin, die bei ihm war, mit Maeve, der schönen Tochter des Hochkönigs.

VIERTES KAPITEL

Es geschah nun, daß Maeve eine Entscheidung traf, die sich lange Zeit in ihrem Sinn vorbereitet hatte. Sie beschloß, nicht länger beim König von Ulster zu bleiben, und als sie sich erst einmal so entschieden und alle Folgen ihres Entschlusses bedacht hatte, dauerte es nicht mehr lange, bis sich eine Gelegenheit fand, ihn zu verlassen. Es ist eigentlich nicht richtig, wenn man sagt, daß sich eine Gelegenheit fand; sie selbst war es, die die Chance herbeiführte, wie sie immer die Dinge nach ihrem Willen zu beeinflussen verstand.

Es gab viele Gründe, weshalb sie sich als Ehefrau Conachúrs unzufrieden fühlte. Die Ähnlichkeit ihrer Charaktere, die ähnlich herrschsüchtigen Temperamente, ihre gleichartigen Gewohnheiten im Denken machten sie einander zum Gegenstand von Verdächtigungen und endlosen Grübelns. Sie konnten nicht Ruhe finden, weder zusammen noch getrennt, denn jeder von beiden wußte, was der andere unter bestimmten Umständen tat und unterstellte unbeirrt, daß der andere es auch gewiß tun werde. So kam es dahin, daß ihnen alles, woran sie sich hätten erfreuen können, verleidet war. Sie verloren sich in Ränke und Gegenränke, und das, was dem einen gefiel, lief bestimmt den Wünschen des anderen zuwider. Ein Zustand von Verbitterung riß zwischen ihnen ein, der, da sie sich nicht von ihm befreien konnten, sich in ihr Wesen einätzte und ihnen so das Leben vergiftete. Unter dieser Situation hatte Maeve mehr zu leiden als der König, denn um seinen Regierungsgeschäften nachzugehen, konnte er sich dem häuslichen Leben entziehen, indem er im Staatsrat saß oder Recht sprach, während seine Frau in ihrer Sonnigen Kammer unter ihren Dienern und Speichelleckern erst recht daran erinnert wurde. Die Ehe war an der Wurzel vergiftet, und eine besonders abscheuliche Erinnerung für Maeve bestand darin, daß ihr Ehemann sie gehaßt hatte, ehe er sie heiratete, daß er sie zur Frau genommen hatte, obwohl dies nicht ihr Wille gewesen war.

Wäre es um Moral gegangen, sie hätte Conachúr vergeben, fast noch ehe dieser überhaupt um Vergebung gebeten hätte, aber es war nicht der Verstoß gegen die Moral, der sie wütend machte. Sie war eine Frau, der nichts auf der Welt so wert und wichtig war wie sie selbst, und jeder Mann, der unaufgefordert eine Hand auf sie legte, verletzte ihren Eigentumssinn. Das empörte sie weit mehr als der Verstoß gegen irgendein moralisches Gebot es getan hätte. Sie war ebenso mutig wie schön und schamlos. Die Welt mochte sich über ihre Vorstellungen von den Tugenden eines Ehemannes bestürzt zeigen – das kümmerte sie wenig, sofern man sie nur gewähren ließ und niemand ihre Wünsche in Frage stellte.

»Mein Mann«, sagte sie, »muß frei von Feigheit sein, frei von Geiz und frei von Eifersucht. Ich bin tapfer in Schlachten und Kämpfen, und es würde sein Ansehen mindern, wenn ich tapferer wäre als er. Ich bin großzügig und gebe gern Geschenke. Es wäre eine Schande für ihn, stünde mein Ehemann mir darin nach. Und«, fuhr sie fort, »es würde mir ganz und gar nicht passen, wäre er etwa eifersüchtig. Ich habe mich nie einem Mann, der mir gefiel, verweigert. Das soll auch in Zukunft so bleiben, unabhängig davon, mit welchem Mann ich jetzt oder später einmal zusammenleben werde.«

Es ist möglich, daß ihr Mann diesen Bedingungen nicht so vollkommen entsprach, wie sich Maeve das wünschte. Sein Mut stand außer Zweifel. Er hatte dies im Kampf mit so manchem Gegner bewiesen. Es mochte bessere Krieger geben, es gab kaum einen anderen, der sich mit so unbeschwertem Ungestüm in Gefahr begab. Was seine Großzügigkeit betraf, so war verständlich, daß sie jemand wie Maeve in Zweifel zog, denn wenn er auch oft und mit vollen Händen austeilte, so nicht eigentlich spontan, sondern eher aus Berechnung. Es war aber die dritte ihrer Forderungen, der Conachúr nun ganz und gar nicht entsprach. Nimmt man sein Temperament, seine wütende Leidenschaftlichkeit, seine Herrschsucht und seine Schläue, so machte ihn all dies geradezu närrisch vor Eifersucht. Alle schlauen Männer sind eifersüchtig, es ist dies eine Art von Egoismus.

Er muß seiner unzufriedenen Frau mit der Unnachgiebigkeit eines Bluthundes und mit der aufgesetzten Unschuldsmiene eines Ehemannes nachgespürt haben. Er war immer bestimmt dort, wo sie ihn am wenigsten zu sehen wünschte, und es ist möglich, daß Männer, auf denen ihre Blicke mit Wohlgefallen ruhten, verschwanden, ehe sie hinreichend Zeit dazu gehabt hatte, solche Blicke länger auf ihnen ruhen zu lassen. Es mag Maeve so vorgekommen sein, als ob jemand, der wie Conachúr aussah, in jeder Ecke von Emain Macha auftauchte, und daß an jenen wenigen Orten, an denen man ihn nicht traf, seine Vertraute oder irgendein anderer alter Drachen zur Stelle war; Wesen, die in kritischen Momenten furchter-

regend pfeifende Geräusche zwischen gelben Stockzähnen hervorbrachten; Geräusche, die jede junge Frau verstimmten und jedem jungen Mann lähmend durch Mark und Bein gingen.
Sie überdachte die Situation und das, was daraus werden konnte. Sie überlegte sich, was ihr Vater, der Hochkönig, sagen werde. Sie wußte, was man ihm antworten, durch welche Taktik er zum Bundesgenossen gewonnen werden könne. Sie stellte sich vor, was ihre Schwestern vorbringen würden, aber das war nicht weiter wichtig, denn die würden mehr darauf bedacht sein, ihr aus dem Weg zu gehen, als sie zu treffen. Sie dachte auch an ihre dritte Schwester, an die sie keinen Gedanken mehr zu verschwenden brauchte. Maeves Hand, die den Schlag geführt hatte, war so sicher gewesen wie jetzt ihr Denken, mit dem sie ihre Erinnerung durchforschte. Conachúr war gekommen, um Rache zu nehmen. Er hatte die Heirat erpreßt. Das war seine Art der Rache gewesen. Sie dachte an den kaltblütigen, wildwütigen König mit Empfindungen, die zwischen Erstaunen und Zorn spielten. Nur Furcht hatte sie vor ihm nicht. Es gab überhaupt kein Lebewesen, dem gegenüber sie Furcht gekannt hätte.

FÜNFTES KAPITEL

Ihre unmittelbare Absicht war es, aus Ulster fortzugehen und sich so zu verhalten, daß der König, der immer mißtrauisch war und alles vorhersah, keinen Verdacht schöpfte. Deswegen – was immer sie sich überlegte, sie behielt es für sich. Sie hatte keine Vertrauten, bis sie die Tat begonnen, bis ihre Stunde geschlagen hatte.

Und in dieser Sache gab es viel zu bedenken. Geduldig ging sie diese Schwierigkeiten durch, so daß zum Schluß, als alles geklärt war, sie noch Zeit hatte, ihren Plan abermals zu durchdenken, Änderungen vorzunehmen ... bis sie sicher sein konnte, daß man nichts vergessen hatte und so ein perfektes Komplott erdacht worden war. Nichts davon war sichtbar, und doch würde es ablaufen, wenn sie mit der Hand winkte. Es würde sich fehlerlos abspielen. Es war kein Zufall, daß der Name dieser Frau männlich war (Maeve bedeutet »Vergiftung«). Sie war geduldig, kühn und behielt einen klaren, kühlen Kopf. Wäre es nur darum gegangen, sich auf glimpfliche Weise davonzumachen, hätte sie sich nicht derart anstrengen müssen. Sie hätte ihren Streitwagen besteigen können: ob nun ihr Mann zusah oder nicht, sie wäre abgefahren. Sie hätte ihn ohne weiteres überfahren, wenn er sich ihr in den Weg gestellt hätte. Selbst durch sein Heer wäre sie hindurchgefahren, sofern das nicht zu umgehen gewesen wäre. Die Schwierigkeit lag darin, daß sie nicht daran dachte, Conachúr jene Besitztümer zurückzulassen, die sie nach Ulster mitgebracht hatte, denn der Hochkönig hatte seine Tochter so ausgestattet, wie es ihrem Rang zukam. Da das Fraueneigentum ihr zudem auch nach dem Gesetz des Landes zustand, dachte sie nicht daran, es zurückzulassen. Es war der Transport dieses umfangreichen Gepäcks, der die Königin beschäftigte.

Es gehörten ihr Schafherden, Rinderherden, Mengen an Pferden und Schweinen. Diese hatten sich natürlich während ihres Aufenthalts in Emain vermehrt. Sie besaß Gefäße aus Gold, Silber und Bronze. Sie hatte Ringe und Armreifen; Halskragen so groß wie Teller, Brustbroschen, zweimal so groß. Sie besaß Reise- und Kriegswagen; Leinen, verziert mit Gold- und Silberfäden; vielfarbige Seidenschals mit goldenen Borten oder Fransen aus Silber. Sie besaß Kopfschmuck aus jedem Material und Metall. Bronzespeere mit hundert losen Ringen von Gold, die am Schaft sich klirrend auf und ab schieben ließen, ein jeder Ring mit einer kleinen silbernen Glocke. Ihr gehörten Schilde und Brustplatten aus solidem Silber und Gold, mit Mustern von hübschen Edelsteinen. Dekken gab es aus Seide und Fell, Kissen, ein Entzücken für den Kopf oder das Auge, die auf ihnen ruhten. Sie besaß Vogelkäfige aus Elfenbein und Glas. Betten, die aus gewaltigen Blöcken von Amethyst herausgeschlagen worden waren. Pokale, aus Elfenbein geschnitzt, ein jeder mit einem anderen Edelstein auf dem Boden, der funkelte, wenn man trank. Schachbretter aus Edelmetall, und an jeder Figur hatte ein geschickter Künstler ein Jahr gearbeitet, um sie zu gestalten. Sie verfügte über ihre eigenen Gerätschaften zum Brauen und Backen. Was besaß sie nicht? Hätte man mit ihren Kleidern ein Haus gefüllt, das Dach wäre geborsten und sie wären herniedergeregnet auf das Glas ihrer Sonnigen Kammer wie ein unzeit-

gemäßer Sonnenuntergang oder eine überschäumende Meereswoge. Sie dachte nicht daran, auch nur von alledem einen Faden in Emain Macha zurückzulassen.
Keine andere Königin soll sich damit schmücken, noch daran ihre Freude haben, was zu meiner Freude allein bestimmt ist, dachte Maeve.

Conachúr schickte sich an, Cairbre Niafar, dem König von Leinster, einen Besuch abzustatten, denn er hoffte, es lasse sich da ein Bündnis schließen, aus dem Gutes für Ulster erwachsen könne. Das benachbarte Königreich von Connacht war stärker und stärker geworden, und er wußte, daß die Leute dort froh darüber waren, wenn Leinster und er durch eine Waffenlänge voneinander getrennt blieben.
Er würde mit aller Pracht reisen, und eine solche Reise mußte sorgfältig geplant werden. Man mußte Häuser aussuchen, um unterwegs zu rasten und sich überlegen, wie man sich vergnügen wollte. Herolde und Boten müßten vorausreiten und Vorsorge war zu treffen, daß man von daheim unterwegs stets Nachricht erhielt. Mehrere tausend Mann würden den König begleiten, auch an ihre Unterkunft, Verpflegung, an ihre Unterhaltung wollte gedacht sein. So war er für einige Zeit sehr beschäftigt. Aber wiederum nicht so, daß ihm irgend etwas Bemerkenswertes entgangen wäre.
Lavarcham war bei ihm in seinem Ruheraum im Zentrum des Königssitzes, dorthin zog er sich gerne zurück. Von diesem Zimmer aus erstreckte sich die große runde Masse des Palastes in alle Richtungen über zehn Morgen hin, und in diesem wohlplazierten und abgesicherten Zen-

trum saß der König wie eine Spinne in der Mitte eines gigantischen Netzes. Der Raum, den er bewohnte, war hinreichend groß. Die Decke zierte ein verschlungenes Durcheinander zahlreicher Schnitzereien, und aus diesem Chaos sprangen eine große Schulter und ein groteskes Haupt hervor, das im Mund eine bronzene Kette hielt, an der eine Glaskugel hin und her schwang, und diese Kugel war so rund und klar, daß sie aussah wie ein großer Tropfen reinen Wassers. Manchmal kam Cathfa hierher und berichtete dem König von Dingen, die er in der Kugel sah. Die Wände des Raumes waren mit poliertem rötlichen Eichenholz verschalt, und zwischen jedem Eichenpaneel saß eines aus Bronze, mit einer silbernen Leiste darum, und ein goldener Vogel hockte am Ende dieser Leiste; das Licht der Fackeln, die brannten, wurde von den Wänden zurückgeworfen und vervielfältigt und unter Blitzen und Funkeln erhellte es den ganzen Raum. Es gab einen großen Stuhl dort und einen kleinen.

Lavarcham saß auf dem kleinen Stuhl. Es war ihr gestattet, es sich in Anwesenheit ihres Herren bequem zu machen, denn gewöhnlich hatte sie ihm viel zu sagen, und was er von ihr hörte, fand er interessant.

»Ach, meine Seele«, sagte der König. »Ich bin froh, daß du eine Frau bist.«

»Ich bin auch gar nicht so unzufrieden darüber«, sagte sie lächelnd.

»Denn«, fuhr er fort, »wärest du ein Mann, so müßte ich vor dir Angst haben.«

»Wie das, Herr?«

»Weil du mir mein Königreich wegnehmen könntest, wenn es dich danach gelüstete.«

»Ach, Herr, ich würde ein Königreich selbst dann nicht haben wollen, wenn man es mir schenkte. Die Verantwortung ist so groß, und es gibt zuviel zu tun.«

»Wohl wahr«, räumte er ein.

»Ich mag meine Arbeit«, fuhr sie fort, »aber danach will ich sie auch vergessen. Hätt ich nun aber das Unglück, ein König oder eine Königin zu sein, so wüßte ich überhaupt nicht, was Ruhe ist, wie Ihr es auch nicht wißt.«

»Immerhin«, sagte der König lächelnd, »findet doch wohl die Königin gelegentlich Ruhe.«

»Ein König wünscht sich vielleicht Ruhe, kann sie aber nicht finden. Eine Königin hingegen verspürt das Bedürfnis nach Ruhe, wünscht aber vielleicht gar keine zu finden.«

»Wie meint Ihr das, gute Freundin?«

»Ich meine, daß eine Frau sich mehr verausgabt als ein Mann. Wenn sie sich der Liebe, der Macht oder dem Haß hingibt, gibt sie alles, was sie hat, während ein Mann wohl immer etwas zurückhalten wird.«

»Aber die Königin, Lavarcham, du hast von ihr gesprochen ... was hältst du von ihr?«

»Wie könnte ich es wagen, über die Königin nachzudenken, Herr?«

»Magst du sie?« faßte er nach.

»Sie ist sehr schön.«

»Das klingt so, als ob du die Königin nicht sehr gern hättest«, sagte er, und dann, nach einem Augenblick, aber streng, »hast du mich denn gern, Lavarcham?«

»Euch habe ich wirklich gern«, antwortete sie ernsthaft.

»Aber«, beharrte er, »gibt es jemanden, den du noch mehr magst als mich?«

»Ich liebe keinen anderen, außer meinem Kind.«

»Ach, dieses fabelhafte Kind! Bekommt es wieder mal Zähne, oder was geschieht sonst gerade mit ihm?«

»Sie wird ein ungewöhnlich schönes junges Mädchen.«

»Ah ja, das hast du mir schon gesagt.«

»Sie ist jetzt dreizehn Jahre alt.«

»Aber sag mir, mein Herz, wie bist du darauf gekommen, vorhin von Königinnen, von ihrem Haß und ihrer Ruhelosigkeit zu reden?«

»Lieber Herr, nicht ich war es, die dem Gespräch diese Wendung gegeben hat.«

»Vielleicht«, überlegte er, »hat die Königin dich nicht höflich genug behandelt.«

»Ganz falsch«, sagte sie glücklich, »die ganze letzte Woche ist die Königin außergewöhnlich freundlich zu mir gewesen.«

»Ah ja!«

»Heute hat sie mich sogar ›ihre liebe Lavarcham‹ genannt, und sich über eine Stunde mit mir unterhalten.«

»Sieh da!« sagte Conachúr. »Hast du dich unter ihren Frauen umgehört?«

»Gewiß, Herr.«

»Und unter ihren Männern?«

»Unter denen auch.«

»Und was hast du herausgefunden?«

»Nichts, Herr. Nicht ein Wort, nicht einen Wink, nicht einen Blick, nicht ein Zögern, nicht eine Begierde, nicht eine Frage. Ich habe nichts gefunden.«

»Und an der Königin ... was ist dir an ihr aufgefallen?«

»Ihre Zuneigung zu mir, Herr.«

»Ich wünschte, ich müßte nicht fort«, sagte der König.

Er stand von seinem Stuhl auf und schritt gewichtig durch den Raum.
»Das wünschte ich auch«, sagte seine Vertraute.
Er blieb stehen und sah sie ernst an.
»Sei freundlich zu der Königin«, riet er ihr.
Aber Lavarcham lächelte ihm mitleidsvoll zu.
»Warum sollte ich damit meine Zeit verschwenden?« sagte sie. Er nickte zustimmend und verfiel darauf in ein tiefes unglückliches Nachdenken.

SECHSTES KAPITEL

Maeve besaß eine Leibgarde von fast tausend Mann. Diese Soldaten waren mit ihr aus Connacht gekommen, und sie weigerte sich, von ihnen getrennt zu werden. Sie galt als ihr Hauptmann. Und jeder der Männer war ihr ergeben. Es waren meistens Landsleute von ihr, und sie exerzierte mit ihnen und zeigte dabei eine unermüdliche Geduld und Umsicht. Sie war die Mutter der Streitmacht, aber ein Witzbold nannte sie das *Weib des Regiments*.
Diese tausend Männer waren es, die Conachúr Sorgen machten, als er die Reise nach Leinster vorbereitete. Er hatte oft daran gedacht, diese Streitmacht aufzulösen und sie durch eigene Leute zu ersetzen. Auch war ihm der Gedanke gekommen, er müsse ihr Vertrauen gewinnen oder sie vernichten. Danach war er dann wieder besonders freundlich zu den fremden Soldaten.

Jetzt, am Vorabend seiner Reise, hatte er den Einfall, sie mit nach Leinster zu nehmen; er erklärte Maeve, er wolle unterwegs mit ihnen ein Manöver abhalten. Gleichzeitig solle durch ihre Anwesenheit der Königin und ihrer Heimatprovinz Ehre erwiesen werden. Dieser Vorschlag nun löste bei der Königin einen solchen Wutanfall aus, daß sie voller Groll aufstampfte und derart zu schimpfen begann, daß Conachúr, eiligst einlenkend, seinen Vorschlag zurückzog. Er bat sie aber, die Soldaten zu beruhigen, wenn ihnen zu Ohren komme, daß sie an dieser Reise, zu der man sich drängte, nun nicht teilnehmen durften.

Tatsächlich war es nicht ratsam, sich mit Maeve in einen Streit einzulassen. Zunächst einmal mußte man darauf gefaßt sein, daß eine solche Auseinandersetzung sich endlos hinzog, zum anderen legte sie dabei eine solche Redeweise an den Tag und warf auf eine so entmutigende Art mit Worten um sich, daß der andere meinte, er sei in einen Strudel geraten, sein Kopf würde um und um gedreht, bald könnte ihm noch sein Hirn aus den Ohren spritzen und am Ende werde er elendiglich sterben. Niemand außer Conachúr mochte sich Maeves Reden bei einer solchen Gelegenheit anhören, und auch er tat es nur, wenn er wirklich wieder einmal das Verlangen danach hatte. Denn manchmal hatte das, was einen anderen Menschen glatt zum Wahnsinn getrieben hätte, auf ihn eine merkwürdig beruhigende Wirkung. Dann saß er da und ließ den schrillen Wirbelsturm, friedlich wie ein Gänseblümchen unter der Sonne, über sich ergehen. Wie man manchmal auch ein störrisches Pferd veranlassen kann, viel weiter zu laufen als es wirklich will, hängte er an das kurze Schwanzende eines ihrer Sätze einen philosophischen und friedvollen Ausruf, der so wirkte, als gäbe man einem Pferd die Sporen. Er trieb sie damit über die Grenzen ihres Schimpfvermögens hinaus, und es geschah nicht selten, daß sie dann aus schierer Zungenmüdigkeit von den höchsten Gipfeln ihres Sprechvermögens in ein Schweigen abstürzte, so tief, daß nichts, wie es schien, es aufzuheben vermochte; dann redete Conachúr beruhigend, vernünftig, aber unnachgiebig auf sie ein, und nun war sie es, die aufgab.

Diesmal aber war Conachúr auf der Flucht: er war nicht in der Stimmung und hatte nicht die Zeit, um sich mit ihr herumzustreiten; er wußte, sie würde nicht nachgeben. Und er war so wütend und in Eile, daß es ihm nicht gelang, der geduldige, humorvolle und bedachtsame Kamerad zu sein, der er hatte sein wollen.

Wenn er über diese Angelegenheit mit Lavarcham sprach, war er nie in guter Stimmung; selbst seiner Vertrauten sagte er nicht, was er dachte. Aber das war bei ihr auch nicht nötig. »Wenn ich aus Leinster zurück bin ...«, sagte er nur. Die kluge Frau nickte nur halbherzig Zustimmung, weil sie sich überlegte, daß es zwar nur zwei Tage brauchen werde, um tausend Mann unter die Erde zu bringen, jedoch eine lange Zeit, um jene zu begraben, die danach heranmarschierten, um sie zu rächen. Die Wut und die Erregung, in die sein Vorschlag die Königin versetzt hatte, waren so groß, daß sie krank wurde und ihren Mann nicht nach Leinster begleiten konnte. Also mußte er, wie schon auf seiner letzten Reise, wieder einmal allein losziehen. Man hatte sich aber darauf verständigt, daß sie nachkommen werde. Da sie mit leichte-

rem Gepäck reiste, würde sie vielleicht ihn und seine Leute einholen, ehe sie Naas, den Hof und die Hauptstadt des Königs von Leinster, erreicht hätten.
Ohne daß der König davon wußte, befand sich bei seiner Streitmacht ein junger Bursche – ein weit ausschreitender, tatkräftiger, bulliger junger Mann mit einem Gesicht voller Sommersprossen und rotem Haar. Ein jeder in Irland behandelte ihn ausgesprochen freundlich, denn wenn ein Mann mit einem Speer nach ihm geworfen hätte, wäre dieser Mann von ihm zuvor derart zum Lachen gereizt worden, daß er unmöglich genau hätte zielen können. Der junge Mann hieß mac Roth. Er war Maeves persönlicher Diener, ihr Herold. Aber wie die Bezeichnung »Vertraute« bei Lavarcham deren wahre Beschäftigung verhüllte, so verbarg das Wort »Herold« das, was mac Roth eigentlich tat. Er war, um es offen heraus zu sagen, Maeves persönlicher Spitzel, aber er war auch ihr Herold, und in späteren Tagen, dank seines Wissens, seines Auftretens und seines Mutes, wurde er sogar der Hauptherold von ganz Irland.
Dieser Bursche begleitete also Conachúrs Streitmacht, aber er war nicht unter ihr. Er war eine Meile voraus oder ein Stück hinterdrein, oder etwas zur Rechten oder auf einem Hügel zur Linken, während der ausgelassene Reiterzug und die silberblitzernden Kriegswagen durch das Tal zogen. Er wich nicht von ihnen, und über zwei Tage hin blieb er unentdeckt. Dann empfahl er sich mit den besten Segenswünschen für sie und ihr Lager bei Nacht und Nebel, stahl sich ein frei herumlaufendes Pferd und ritt auf schnellstem Weg zurück nach Emain.
Als er den Palast erreichte, konnte er berichten, der Kö-

nig sei weit genug fort und werde gewiß nicht noch einmal umkehren. Auf diese Nachricht hin verlor sich Maeves Unpäßlichkeit so rasch wie sie gekommen war. Am Morgen rief sie zwanzig der wichtigsten Männer ihrer Leibgarde zu sich und gab ihnen, getrennt voneinander, genaue Anweisungen. Dann erklärte sie ihren Domestiken, daß die Zimmer geputzt werden müßten, während der König fort sei, daß deswegen alles, was sie besaß, hinaus auf den sonnenbeschienenen Rasen gebracht werden solle, um es auszulüften und zu zählen.
Der Haushofmeister kam in große Eile, aber der umgängliche Mann wurde von Maeve beruhigt, ohne daß seine Würde verletzt worden wäre. Allerdings machte er sich seine Gedanken. Er verständigte Lavarcham, die sich mit ihrem Kind außerhalb von Emania befand. Innerhalb einer Stunde sandte Lavarcham einen reitenden Boten an Conachúr ab, aber vor der Stadt wartete auf diesen mac Roth in einer Hecke, und als der Reiter vorbeidonnerte, traf ihn ein Speer in den Rücken. In der Nacht jedoch schickte Lavarcham, deren Möglichkeiten begrenzt waren, einen weiteren Boten los ... für den Fall, daß dem ersten etwas zugestoßen war.
Es lief aber nun bei Maeve alles nach Plan. Die Männer, die sie ausgewählt hatte, taten, was ihnen befohlen worden war. Innerhalb von zehn Stunden marschierte ihre Mannschaft dem Gepäck hinterdrein, der Marsch nach Connacht hatte begonnen, und Conachúr war wieder Junggeselle.

SIEBENTES KAPITEL

Es war ganz gut, daß sich der König zum Zeitpunkt von Maeves Flucht in Leinster befand. Wäre er näher seiner Heimat gewesen, so hätte er sich gezwungen gesehen, etwas zu unternehmen. In einer solchen Situation bedeutet etwas zu tun immer, sich lächerlich zu machen. Er wußte, daß Maeve durch eine Drohung nie zur Rückkehr zu bewegen sein werde, dennoch schienen solche Drohungen politisch notwendig. Aber die Botschafter, die rigorose Drohungen ihrem Vater übermittelten, hatten andere Nachrichten für Maeve selbst, und in diesen gab sich der Sohn der Ness so unterwürfig, wie es niemand für möglich gehalten hätte, wie es von seinen Räten nie und nimmer gebilligt worden wäre. Es gab keine Übereinkunft, zu der er nicht bereit gewesen wäre, aber die Gegensätze zwischen Maeve und ihm waren so groß, daß sie sich selbst bei all seiner Nachgiebigkeit nicht mehr überbrücken ließen.

Maeve war stolz; sie war auf ihren Vorteil bedacht und konnte es nicht ertragen, neben jemandem an zweiter Stelle stehen zu müssen. Mit Conachúr zu leben aber bedeutete genau das, was immer er oder sie auch wünschte. Überall hätte sie neben ihm nur die zweite Geige gespielt, denn der erste Platz kam ihm so natürlich, so selbstverständlich und endgültig zu, daß es gar keine Frage gab. Was aber ärger war und weswegen sie ihn verabscheute: er hatte versucht, ihr seinen Willen aufzuzwingen, und es war ihm gelungen. Für dieses Mal hatte sie gesiegt. Aber sie konnte nicht mit ihm leben und ihn immer wieder herausfordern, während ihm als Mann es selbstverständlich erlaubt war, sie zu demütigen. Selbst wenn er auf den Thron zu ihren Gunsten verzichtete, würde er das Zepter behalten. Sie konnte es ihm nicht entwinden, so wenig wie man vom Blitz dessen Geschwindigkeit abziehen kann. Wenn sie nach Emania zurückkäme, würde sie tot zurückkommen. Wäre sie lebendig zurückgekommen, so hätte der König sie schließlich töten müssen, oder sie hätte den König getötet. Conachúr wußte das, und nach einer Weile gab er seine Botschaften an sie auf und begrub seine Hoffnungen.

Wenn man sich fragt, warum er überhaupt solche Botschaften schickte oder solche Hoffnungen hegte, so liegt die Antwort in seinem Charakter. Dieser schlaue, energische Mann konnte neben einer zahmen Gefährtin nicht existieren. Rein körperliche Befriedigung wäre für ihn nach einer Woche ungehemmten Liebesgenusses abgeklungen. Danach wäre er ohne jene starke Erquickung gewesen, die sowohl geistiger wie auch körperlicher Natur ist und sich bei Menschen seines Temperaments ganz erheblich auf die geistige Frische auswirkt, selbst wenn sie sich im Fleischlichen, Animalischen zu erschöpfen scheint. Maeve stillte ein Bedürfnis in seinem Wesen, das er selbst nur ungenau verstand, und wenn es auch mehr auf eine Geliebte als auf eine Ehefrau zielte, so drückt sich darin doch Verlangen und Verhängnis dominierender Männer aus.

Denn er war teuflisch schlau und nicht etwa weise, besaß auch keine Größe. Nur der Große entzieht sich der Sklaverei, er aber war ein Sklave seines Ichs und wurde davon angetrieben. Ein großer Mann hätte nie so gehandelt, weil er einfach nicht dazu in der Lage gewesen wäre, auf gemeine Weise Vorteile auszunutzen. Die Art und Weise beispielsweise, wie Conachúr Fergus von der Herrschaft über das Reich fernhielt, konnte zwar der Bewunderung seiner Untertanen sicher sein und erhielt dadurch jene Rechtfertigung, die man selbst noch im Erfolg nötig hat. Er wurde von seinem Opfer sogar geliebt, und sein Volk vertraute ihm. Er war der Größe nahe; es gab echte Qualitäten, die mit seinem Egoismus Hand in Hand gingen. Bei Schwierigkeiten konnte er milde sein, klarsichtig im Rat, zuverlässig gegenüber einem Freund. Er konnte mit so königlicher Großmut vergeben. Er konnte sich rückhaltlos für sein Reich verzehren. Cúchulinn hielt ihn für alles andere als einen schlechten Menschen, nicht anders urteilte Fergus. Dieser liebte und verehrte ihn mehr als irgend jemand anderen in Irland. War sein Verhalten gegenüber Fergus ein Fehler oder eine positive Eigenschaft? War Fergus zu groß oder zu simpel? Immerhin bewunderte er Conachúr nicht wegen seiner schlauen Tricks, und auch sein Volk nannte ihn nicht wegen dieser Tricks den »weitblickenden majestätischen König«.

Wie auch immer er sich zur Flucht seiner Frau in der Öffentlichkeit äußerte, im stillen trauerte er und sehnte sich nach Maeve. Und die Krankheit, die sich aus einem durchkreuzten Willen ergibt, nagte an ihm, so daß selbst Lavarcham ihn so oft allein ließ, wie sich das mit ihren Pflichten vertrug. Wieder und wieder versuchte er, sich in einem Anfall von Willenskraft aus seinem erbitterten Brüten zu reißen und sich in die Arbeit stürzen oder sich in jene feierliche Jovialität zu retten, die bis dahin für ihn bezeichnend gewesen war; doch allen deutlich sichtbar sank er immer wieder rasch in jenen anderen Zustand zurück, schaute dann so grimmig und fassungslos auf einen Bittsteller, daß dieser froh war, verschwinden zu können, ohne die Geschichte, die er hatte erzählen wollen, losgeworden zu sein.

So stand es um ihn, als in Lavarchams Kopf ein neuer Plan ausgebrütet wurde. Beim Anblick ihrer Kleinen meinte sie jedesmal, eine Königin vor sich zu sehen. Sie war nun entschlossen, Deirdre an Conachúr zu verheiraten.

Ganz Ulster wünschte den König wieder verheiratet zu sehen, denn ein unverheirateter Fürst ist ein Ärgernis für sein Volk. Die Verantwortlichen im Staat setzten ihr beständiges Bemühen darein, einen jungen Prinzen zu verehelichen, sobald dieser in die Pubertät gekommen war. Denn diese jungen Leute waren meist große Weiberhelden mit einem Appetit, unersättlich wie Hunde, und so sorglos, daß sie erstaunt schienen und die Nase rümpften, wenn andere ihr Verhalten, dem sie selbst wenig Bedeutung beimaßen, in Frage zu stellen wagten.

Es ist gewiß arg und eine Tyrannei, wenn jemand sich seines Nachbarn Weib zu eigenem häuslichen Nutzen bedient, aber ist ein Ärgernis, das sich dann unter Gleichen abspielt, von denen man freundliches Verhalten erwarten darf und gegenseitigen Respekt. Unter Gleichen ist alles, was Ungleichheit bewirkt, ein Übel, das Strafe nach sich zieht: über dererlei läßt sich aber nicht klagen, wenn ein Überlegener sich nimmt, wonach ihn bedenkenlos verlangt. Es ist die Gemeinschaft der Interessen, die Gleiche schafft, und kommt es zu einer Störung, so ergeben sich dadurch Feindschaften; aber es gibt keine Gemeinsamkeit der Interessen zwischen einem Fürsten und seinen Untertanen. Niemand wird durch eine Handlung geschädigt, die seine Ehre nur dadurch berührt, daß sie ihn aufwertet. Demnach: so unlogisch funktioniert das Denken des Menschen, so kompromißlos ist in ihm der Sinn für Eigentum verankert, daß sich doch immer wieder Leute fanden, die mit einem Speer solch sorglosen Vergnügen eines Fürsten eine Ende bereiteten; ja, es gab sogar Menschen, meistens Schmiede und Gerber, die nicht davor zurückschreckten, sich einen Knüppel zu greifen und damit eine königliche Majestät aus einem warmen Bett zu prügeln.

Wenn sich Lavarcham mit dem Gedanken trug, ihren Zögling in die schlaffen Arme ihres Souveräns zu legen, nährte sie damit nur eine Idee, die jede männliche Person im Königreich, sofern sie nur eine Frau, eine Schwester oder eine Tochter hatte, auch mit Eifer hegte.

Und nicht nur für sie ergaben sich daraus Konsequenzen. Innerhalb eines Monats nach Maeves Verschwinden tauchten so viele junge Damen in Emania auf, wie man seit langem bei Hofe nicht gesehen hatte, so daß Conachúr, wäre er nur in einem Zustand gewesen, um dererlei zu bemerken, zu der Vorstellung hätte kommen müssen, Ulster habe zu blühen begonnen wie eine Rose. Aber Manipulationen wie diese taugen wenig, wenn es um einen Mann wie Conachúr geht. Es ist weitaus wahrscheinlicher, daß die erste Person, die wußte, was geschen sollte und was man von dem Mann an der Spitze des Staates erwartete, der König selbst war. Seine Pflicht als König wies ihm den Weg: die Notwendigkeit, Zerstörtes wieder aufzurichten, erforderte seine ganze Kraft; und der Wunsch, vergessen zu können, indem man ersetzte, war sogar noch dringlicher; denn wenn das Haar eines Hundes, der dich beißt, ein Mittel gegen Trunkenheit ist, so ist es auch eine Medizin gegen die Liebe und ach, die einzige, die wir kennen. Deshalb zeigte der König eine Weile ein fiebriges Interesse für die Damen seines Hofes. Er fand aber, so voreingenommen war sein Blick, keine, die eines näheren Hinsehens oder gar eines Gespräches würdig gewesen wäre. Also hegte er auch keinen Groll, wenn sich andere Männer ihrer annahmen. Vor Lavarcham schließlich sprach er sich aus.

»Ich muß heiraten, Lavarcham, meine Seele.«

»Das hat noch viel Zeit, Herr«, sagte die listige Frau.

»Solange ich keine Frau habe«, erwiderte Conachúr, »werden die Leute über die Frau reden, die ich hatte. Die einzige Möglichkeit, das abzustellen, ist, ihnen anderen Gesprächsstoff zu verschaffen.«

»Das ist wohl wahr«, sagte Lavarcham.

»Ich sehe schon«, fuhr er fort, »ich werde noch gezwungen sein, jemanden zu heiraten, aus dem ich mir gar nichts mache.«

»In diesem Fall, Herr, werdet Ihr der Mühe enthoben sein zu wählen. Ihr werdet einfach die erste beste nehmen, die kommt.«

»Sie scheinen ohnehin einander so ähnlich wie die Erbsen in einer Schote. Sind eigentlich alle Frauen gleich, meine Freundin?«

»Sie sind alle ein wenig vom selben Muster, Herr.«

»Und doch ...«, sagte der König, und dachte eindringlich an jene, die geflohen war.

»Unser kleines Mündel«, fuhr Lavarcham wie in Gedanken fort, »sie ist ziemlich ungewöhnlich.«
»Wie alt ist sie jetzt?« sagte dumpf der König.
»Sechzehn Jahre und ein paar Monate.«
»So alt schon? Wir müssen daran denken, sie an einen unserer Freunde zu verheiraten. Vielleicht an einen unserer Verwandten in Schottland. Man soll mich daran erinnern.«
»Kommt und seht sie Euch an, Herr, und dann könnt Ihr entscheiden, wie man mit ihr verfahren soll.«
»Ich komme sie mir dieser Tage einmal ansehen.«

ACHTES KAPITEL

Deirdres Ausbildung in der Kunst, den König zu begreifen, setzte sich fort, aber sie verlief nun nicht ganz so geradlinig wie früher.

Welche Frau an Lavarchams Stelle hätte es sich nehmen lassen, die Vorgänge der letzten Zeit ohne eine gewisse Sentimentalität darzustellen, und für welches junge Mädchen hätte Maeve, da sie doch einen Skandal und so viele Gefahren riskierte, anders dagestanden als eine zu bewundernde Heldin? Wenn Lavarcham Einzelheiten über Maeve berichtete, deutete Deirdre sie aus, und am Ende waren ihre Urteile jeweils voneinander so verschieden, so gegensätzlich, daß eine dritte Person sich gewundert hätte über die Streiche, die das Vorstellungsvermögen den Menschen spielen kann. Was für die eine schwarz war, kam der anderen nicht etwa weiß vor, sondern karmesinrot oder purpurn und golden; und was Lavarcham als Verrat erachtete, erschien Deirdre freimütig wie ein Sonnenaufgang.

Wir nehmen Wissen weniger durch unsere verstandesmäßigen Fähigkeiten als durch unser Temperament auf; und eine junge Person, sie mag sich noch so sehr anstrengen, kann die Dinge nicht durch die Augen einer älteren sehen. Es gibt noch andere Dinge, durch welche die jeweilige Wahrnehmung so entstellt werden kann, daß dieselbe Sache unterschiedlich erscheint. Lavarchams Vorstellung von Maeves Verhalten unterschied sich von der Conachúrs, dessen wiederum von der Cathfas oder Bricrius oder Fergus mac Roys, und was der eine dachte, lag so für den anderen im dunkel. Das Element des Eigeninteresses bei jedem wirkte als ein Prisma, und jeder begriff nur so viel von der Geschichte, wie er gerade begreifen wollte, aber nicht mehr und neigte dazu, dementsprechend zu vergeben oder zu verdammen.

Für Lavarcham war Maeves Flucht Verrat und verdiente bestraft zu werden; andererseits war es in ihren Augen ein Unglück, über das Conachúr keine Träne zu weinen brauchte. Sie hatte Maeve nie gemocht, und obwohl sie sonst jedermann für sich einnehmen konnte, war es ihr nie gelungen, diese herrschsüchtige Frau zu beeindrukken. Sie hatte nicht die Hälfte von dem, was sie über Maeves Tun wußte, dem König erzählt, aus Furcht, die gewalttätige Königin könne etwas vermuten und werde sie in diesem Fall in Gegenwart des Königs mit einem Schwertstreich in zwei Hälften spalten.

Das Verschwinden von Maeve bedeutete auch, daß mac Roth vom Hofe verschwand. Seinen scheinbar freundlichen, tatsächlich aber schlau beobachtenden Augen auf diese Weise entgangen zu sein, war etwas, worüber Lavarcham Erleichterung empfand, ja vor Dankbarkeit hätte weinen mögen. Ein Spitzel zu sein ist so schwer nicht, es ist ein Beruf wie andere auch, aber selbst bespitzelt zu werden als Spitzel ist eine monströse Verkehrung dessen, was sich gehört und kann einem schon Herzklopfen verursachen. Mac Roth hatte ihr Angst eingejagt, und er hätte sie jederzeit in die Enge treiben können. In ihrem eigenen Beruf war er ihr überlegen, denn wenn man recht hinsah, so war sie nur ein Spitzel im Haushalt, er aber ein richtiggehender Spion. Sie trug alles zusammen, was sich in der Küche oder in der Sonnigen Kammer abspielte; aber sie hatte Mauern um sich und arbeitete hinter diesen, während es bei mac Roth überhaupt nicht darauf ankam, ob er sich in einem Zimmer oder in einem Wald befand; er hätte selbst noch in einem Bienenkorb spioniert, er hätte ausgespäht, was sich an den gebogenen Enden des Mondes tat; er wäre noch mitten im Meer seiner Tätigkeit nachgegangen und hätte gewußt, welche Welle ihn verschlingen würde und welche auf diese folgte.

Lavarcham war nicht nur froh, daß Maeve fort war, sie jubilierte geradezu darüber. Die Ereignisse verschafften ihr die Gelegenheit, ihre geliebte Kleine im Leben auf den Platz zu rücken, den sie sich für sie wünschte, ohne sich von ihr trennen zu müssen. Und bei alledem würde auch sie selbst nach den Sternen greifen können.

Wenn sie früher von Conachúr zu Deirdre gesprochen hatte, so geschah dies unter Betonung seiner Majestät. Jetzt aber stellte sie ihn als einen großen Mann dar, gebeugt unter der Last des Unglücks, ein dankbarer Gegenstand für weibliches Mitleid. Doch sie konnte nicht einfach mit einem Schwamm die Majestät fortwischen oder die Linien des Porträts abändern, an dem sie zehn Jahre gearbeitet hatte.

Der König blieb für Deirdre ernst und entrückt, unglaublich alt, eine Gestalt wie aus einem Märchen, die ihren Schatten über ihre Kindheit warf. Und er war auch nicht gleichaltrig mit Lavarcham, die ihr auch schon alt erschien. Deirdre war am König interessiert in der Art wie sie sich für das Feenvolk interessierte, ohne Erwartung, mit ein wenig Furcht.

Auf ihre Widerreden und Einwände hatte Lavarcham eine Antwort: »Meine Seele und mein lieber Schatz, du kannst nicht über Männer sprechen, die du noch nie gesehen hast.« Aber eines Tages erwiderte Deirdre: »Doch, Mutter, ich habe sie gesehen ... diese Männer, von denen du redest.« Lavarcham starrte sie an.

»Und«, fuhr das Kind ausgelassen fort, »ich habe mit ihnen gesprochen.«

Ihre Ziehmutter wurde plötzlich glatter als Seide und so weich wie der Schoß der Freundlichkeit.

»Erzähl mir davon, mein Liebes. Erzähl mir, wie die Männer dir vorkommen, und wie du sie gesehen hast.«

»Da gibt's nicht viel zu erzählen«, erwiderte Deirdre, »Männer sind wie Esel und«, fuhr sie fort, »sie sind auch ebenso hübsch.«

»So häßlich und so hübsch wie Esel!« wiederholte Lavarcham mit einem Kopfschütteln.

»Ja, Mutter. Ich mag sie, weil sie so hübsch, so häßlich und so gut sind.«

»Aber von was für Männern sprichst du eigentlich, mein Stern?«
»Ich spreche von den Männern draußen vor der Mauer.«
»Von den Wachen?«
»Natürlich.«
»Und wann hast du sie gesehen?«
Deirdre lachte.
»Nun, ich hab sie gesehen seit ich etwa so groß war«, und sie zeigte mit ihrer Hand einen Abstand von zwei Fuß vom Boden. Lavarcham lachte und drohte mißbilligend mit dem Finger.
»Du hast sie aber wohl nicht sehr oft gesehen.«
»Aber gewiß doch«, erwiderte das Mädchen triumphierend. »Ich habe sie während der letzten zehn Jahre an jedem Tag meines Lebens gesehen.«
»Und hast mit ihnen gesprochen?«
»Freilich. Ich kenne sie alle so gut wie ich dich kenne.«
»Aber nicht doch, Deirdre!«
»Doch; ich kenne ihre Namen, ich weiß, mit wem sie verheiratet sind und wie viele Kinder sie haben. Oh, ich weiß alles über sie.«
»Schlaue kleine Fee aus den Hügeln«, rief der bestürztte Vormund, »du machst dich über Lavarcham lustig.«
»Gewiß nicht«, erwiderte Deirdre entschieden.
»Nun, dann erzähl mir von diesen Männern, die so hübsch und häßlich wie Esel sind.«
»Also gut«, rief Deirdre, »ich werde dir beweisen, daß ich sie kenne. Du mußt wissen«, begann sie zu erzählen, »daß jeder dieser Männer draußen vor der Mauer immer an derselben Stelle steht, einige gehen bei Tag auf Wache und andere bei Nacht. Alle zwei Wochen wechselt das.

Die bisher die Nachtwache hatten, ziehen nun bei Tag auf, und so geht das immer weiter ... jahraus, jahrein unter dem Befehl von zwei Hauptleuten und acht Unteroffizieren. Insgesamt sind es hundert Männer; fünfundzwanzig von ihnen umkreisen bei Tag die gesamte Mauer, während in der Nacht fünfundsiebzig Männer zwischen nicht allzuweit voneinander entfernt liegenden Punkten hin und her gehen. Während des Tages sind auch immer ein Hauptmann und zwei Unteroffiziere unterwegs, um die fünfundzwanzig Wachmänner zu kontrollieren. Während der Nacht aber haben ein Hauptmann und sechs Unteroffiziere Dienst.«

»Ach was«, rief Lavarcham, »das haben dir die Dienerinnen erzählt.«

»Die erzählen mir nur Geschichten von dem Volk der Danaa und den Feen, wie ihre Kinder geboren werden und was man gegen unreine Haut tun kann.«

»Na, dann mal weiter«, seufzte Lavracham, »bis ich sehe, was du alles weißt.«

»Der Hauptmann der Truppe heißt Daol, aber die Männer nennen ihn Fettsack. Er hat vierzehn Kinder und ist unglücklich verheiratet, denn er hat mir häufig gesagt: hätte er eine bessere Frau, er wäre ein besserer Mensch. Eines Tages, als ihm seine Frau einen Kuchen backte, tat sie einen Zauberspruch mit hinein. Er hatte zuvor nie irgendwelche Schmerzen oder Beschwerden gehabt, aber nun kam er fast um vor Weh; und seither, wenn der Mond wechselt und der Wind umschlägt, schmerzen ihn seine Knochen, und wenn er heimkommt, verprügelt er seine Frau.«

»Ja, diesen Fettsack scheinst du zu kennen.«

»Ich liebe ihn. Er trägt einen breiten Ledergürtel mit einem Schwert daran, und wenn er Befehle gibt, steckt er beide Hände in den Gürtel, stellt sich breitbeinig hin und brüllt – und wie er brüllt! ›Soldaten!‹ brüllt er: ›Rechts um marsch‹; und all diese lieben alten Männer marschieren mit gesenkten Häuptern nachdenklich los, bis er wieder brüllt und sie auffordert, stehenzubleiben. Dann niesen sie alle und beklagen sich über ihre Füße. Manchmal darf ich auch die Befehle geben.«
»Das sollte nicht geschehen«, sagte Lavarcham.
»Es bleibt ihnen gar nichts anderes übrig«, erwiderte das Mädchen, »ich bewerfe sie sonst von der Mauer mit Steinen. Allerdings habe ich das schon lange nicht mehr getan. In letzter Zeit ist der Hauptmann auch ohne dies mit allem einverstanden, was ich von ihm verlange.«
»Er hätte das melden müssen.«
»Du meinst, er hätte mich verpetzen sollen?« rief Deirdre aufgebracht. »Das möchte ich sehen ... Fettsack und mich verpetzen. Seine Männer würden ihn verprügeln, wenn ihm das einfiele. Ich würde von der Mauer herunterspringen, und er bekäme von mir auch noch eine Tracht Prügel ab.«

NEUNTES KAPITEL

Diese Unterhaltung beunruhigte Lavarcham, und sie sann nach Mitteln und Wegen, um ihr Mündel besser zu überwachen. Aber das war Zeitverschwendung, wie sie bald einsehen mußte. Wer, dem eine jungen Person von sechzehn Jahren zur Obhut anvertraut worden ist, würde nicht am Ende zu der Einsicht kommen, daß jede Form von Überwachung sinnlos ist.

In diesem Alter ist mit Verboten nichts mehr auszurichten, und die Zeit, in der Rat angenommen wird, ist noch nicht gekommen, es sei denn, dieser werde in Form von Schmeicheleien erteilt. Der junge Körper ist begierig auf Erfahrung und wird sich mit nichts weniger Gegenwärtigem zufriedengeben, so daß ein älterer Mensch gut daran tut, die Leine locker zu lassen, andernfalls er durch die unermüdliche Energie seines Zöglings leicht zu Tode erschöpft werden kann. Eine Zeitlang zehrt der junge Mensch stark und im geheimen von seinem eigenen Willen und ist dann in der Lage, selbst zu unterscheiden zwischen dem, was wichtig und von Dauer ist, und jenem, das bloß angenehm erscheint, im übrigen aber unnütz ist. Denn alle Menschen, die nicht einen geistigen Mangel aufweisen, sind durch Instinkt vernünftig gesonnen. Auch wenn sie sich vorübergehend einmal haltloser Begierde ausliefern, so werden sie doch bald darauf wieder in sich hineinsehen, sich mäßigen und ihr Bewußtsein auf eine vernünftige Existenz hin ausrichten.

Mit vierzehn Jahren war Deirdre nicht mehr die unbezähmbare kleine Wilde, die sie mit zwölf gewesen war.

Mit sechzehn begann sie sich nach jemandem zu sehnen, dem sie ihren Willen unterwerfen konnte, der sie leitete, der ihr Klugheit und Ermunterung vermittelte, Dinge, von denen sie ahnte, daß sie in ihr vorhanden waren, die sie aber alleine nicht freisetzen konnte.
Ihr wütender Tätigkeitsdrang wurde von Zeiten der Trägheit unterbrochen. Dann starrte sie in den Himmel, sah aber nichts, blickte ins Gras und wunderte sich, was das da eigentlich war, worauf ihre Augen ruhten. Wilde oder zahme Tiere trotteten oder stolzierten vor ihr her, aber sie nahm nur eine Bewegung wahr, ohne eine Form zu erkennen. Ein Vogel konnte da flattern, tschilpen und fliegen, ihre gehemmte Wahrnehmungsfähigkeit sah all diese Dinge, ohne daß sie ihr etwas sagten. Ihr Bewußtsein versank dabei hinter den Bewegungen des Tieres in etwas Vages, bis der Vogel eins wurde mit dem Himmel, und der Himmel sich rundete, zurückwich und verschwand – bis nichts mehr blieb, auf dem ihre Augen ruhen konnten und das ihr irrendes Bewußtsein abstützte. Sie blickte dann auf ihre Arme, die so hilflos gegen das Gras hingen. Sie wunderte sich, daß sie nichts taten, so leer waren. Ein Druck wurde auf ihrem Herzen spürbar, sanft genug, aber ohne Ende, als rege sich dort etwas, das sich nicht regen könne, als suche dort etwas zu weinen und könne nicht weinen; so mußte sie darum weinen und trauern und eine Zärtlichkeit, jenseits aller Zärtlichkeit, die sie bisher empfunden hatte, war in ihr. Solche müßigen Tränen drängten plötzlich aus ihr heraus. Sie wunderte sich, warum sie weinte. Aufgebracht über solchen Unsinn sprang sie dann auf und rannte fort wie jemand, der toll ist vor Leben und Energie.

Ein Liebesbedürfnis überkam sie. Sie bemutterte die Kuh und ihr staksiges Kalb, das äugende Kaninchen und dessen Junge. Sie legte je einen Arm um den Hals der zotteligen Stute und deren liebes, scheues Fohlen, und diese lauschten nun Worten, die sie zu verstehen schienen. Wenn sie fortging, trotteten ihr die Tiere hinterdrein, mit sanftem, beständigem Schritt und mit einem Blick, der darauf zu drängen schien, daß sie unbedingt zurückkommen müsse. Es gab kein Nest, das sie nicht kannte, und die junge graue Mutter, die sich zwischen den Blättern duckte, schaute ernsthaft aus grauem Auge und hörte ein Locken so köstlich, so beladen mit Liebe, daß ihr die Stunden des Brütens leicht vergingen und daß sie darüber sogar ihren Gefährten vergaß, der sich in der Luft über den Baumwipfeln tummelte.

In der Nacht lockte sie der Mond so leidenschaftlich, daß sie ihr Bett verlassen und auf Zehenspitzen in den dunklen Korridoren umhergehen mußte, bis sie wieder in die Gegenwart zurückfand. Welch wilden Rat empfing sie von dem leuchtenden Mond? Oder war es die unbewegte Ruhe, die wortlos flüsterte ... Vertraulichkeiten flüsterte, aber worüber? Scheue Berührungen ihres Herzens, so daß sie, die nichts fürchtete, sich umzusehen pflegte, bestürzt wie ein junges Reh, das etwas im Wind wittert und ohne weitere Frage flüchtet.

Wie herrlich war für sie diese Ungewißheit und Furcht, bei der jeder Nerv angerührt wurde von einem Leben, viel aufregender als sie vermutete. Etwas, das es angeblich nicht gab, ereignete sich ständig. Manchmal nur für einen Augenblick erzählte es ihr Geheimnisse oder warnte sie vor einer bevorstehenden Gefahr.

Sie verlor sich in den Mond, um ihn werbend, von ihm umworben, bis es ihr schien, als bewege sie sich im Mond und der Mond in ihr; eine einzige Weiße, eine einzige Kälte, eine gleichmäßige Kraft ... aber wozu? Dafür, für etwas, für nichts, für alles. Sie unterwarf ihr Schicksal der schönen zerbrechlichen Dame des Himmels. Und eines Nachts, als da ein kleiner Mond, der im Mond schien, ihr winkte, sie anzog, um sie warb, ging sie weiter und weiter vom Gras auf Torf, über Torf zu steinigen Plätzen; von dort zur Mauer, über die Mauer; so leicht, so unwahrnehmbar, so möndisch, daß die schlaftrunkenen Wachen es nicht sahen; vielmehr, was sie sahen, war ein Mondstrahl, der sich hob und senkte, der aufleuchtete und verblaßte, der über eine Mulde sprang und sich an einem Berghang verlor, der in die silberne Flut eintauchte und eins wurde mit den Schatten des Ebenholzes, der vergangen war, während sie sich noch die Augen rieben.

So lief sie ihrem Schicksal entgegen. Sie ging dahin unter der Dunkelheit der Bäume, und weiter, dorthin, wo der Wald nicht mehr so dicht ist, in einen sanften Tanz von Perlmutt und Silber hinein. Jenseits davon hörte sie junge Stimmen, die lockten und lockten.

So ausgelassene junge Stimmen hatte sie noch nie gehört, da sie doch an die trockene, knappe Redeweise von Lavarcham, das zahnlose Gemurmel der Diener, das rostige Gebelfer von Fettsack, der von seinen Schmerzen und seiner Abneigung etwa im Tonfall einer eigensinnigen Tür sprach, und höchstens noch an das Winseln und Grunzen seiner steifen Gefährten gewöhnt war. Sie blieb stehen und horchte auf diese Stimmen, die jung klangen

wie ihre eigene und süß; wie Wasser, das in einem Fluß rinnt, raschelnd wie das Geräusch in einem Nest junger Vögel im Frühling, ansteigend und abfallend in einer unendlichen Begierde und Freude, bis es schien, als seien das Lied einer Lerche und der Flug einer Schwalbe zu einem merkwürdigen strömenden Laut verschmolzen.
Sie stand hinter einem gewaltigen schwarzen Baum. Ihr Erstaunen führte dazu, daß sie weinte. Sie weinte über die einsamen Jahre ihrer Jugend, über alles, was sie nicht wußte, was ihr entgangen war. Dann trat sie kühn hervor und setzte sich resolut an das Lagerfeuer der Söhne von Uisneac.

ZEHNTES KAPITEL

Sie empfingen sie mit einem knappen Ausdruck von Überraschung wie ihn junge Leute, stolz auf ihr Aussehen, eifersüchtig auf ihre eigene Würde einer Unbekannten entgegenbringen, und nach einem kurzen Wort der Begrüßung und einem schnellen abschätzenden Blick lebte die Unterhaltung, die durch ihr Auftreten unterbrochen worden war, wieder auf. Vielleicht einen Ton stürmischer, weil sie überrascht worden waren, etwas härter, weil sie wußten, daß jemand zuhörte, der nicht zu ihnen gehörte und deswegen kritischer sein mochte.
Bald, sich selbst zum Trotz, überkam sie etwas Feierliches, überwältigte ihre Dreistigkeit und machte alle befangen, bis sich Stille bedrohlich um das Feuer ausbrei-

tete und für Momente sich nichts bewegte als das Auge, das blinzelte und zum Rand des Waldlands hinblickte, wo sich vereinzelt dunkle Bäume erhoben, eingefaßt in Silber, und alles auf dem Boden zu kriechen und zu fliehen schien, als sich die Zweige bewegten und der Mond sein Licht durch sie ausschüttete.

Aber das Schweigen währte nur solange, bis der Blick frei wurde und aus dem gegenseitigen Beobachten ein Abschätzen. Dann riß der älteste der drei jungen Männer die Unterhaltung an sich und hielt sie aufrecht, denn er sah, daß ihr Gast so von Schüchternheit geschlagen war, daß er weder Hand noch Fuß bewegen und auch nicht antworten konnte, wenn einer ihn anredete.

Er sprach nur, damit überhaupt etwas geschah, denn nachdem er sie betrachtet hatte, fürchtete auch er sich zu sehr oder war zu schüchtern, um noch einmal hinzuschauen; er fürchtete auch, die anderen könnten seine Verlegenheit bemerken; und da er gewohnt war, zunächst immer zu handeln, tat er, was sich tun ließ, nachdem ihm klar geworden war, daß es etwas gab, das er nicht tun konnte.

Das tat er gut. Während sie ihm zuhörte, begriff Deirdre, welches das vorherrschende Geräusch war, das sie da hörte, die führende Stimme des Liedes, das erklang. Es war der Laut der Lerche, die den Scheitelpunkt ihres Aufschwungs erreicht hatte, und die anderen gaben nur jenes Muster an Geräuschen ab, das die Schwingen der Schwalben machen. Indem sie zuhörte, fing sie sich wieder und, nach einer Weile, wagte sie hinzuhören, wagte sie zu sehen, schließlich hörte sie nichts mehr. Denn wenn das Auge erfüllt ist, hört das Ohr nicht mehr hin, und alles, was da an Schönheit vorhanden ist, wird von ihm umschlossen; strahlend, sattsam und übermäßig. Wie soll ich Naoise malen, während Deirdre ihn sah? Wie soll ich Deirdre zeigen, als sie vor den Söhnen von Uisneac erschien? Denn außer Deirdre gab es kein anderes Mädchen, das so schön war, außer vielleicht Emer, die Tochter des Vorgall, die bald von Cúchulinn umworben wurde; und verglichen mit Naoise gab es keinen besseren unter allen Männern des Landes, außer vielleicht Cúchulinn selbst, »klein, dunkel, der schmuckeste unter den Männern von Eire«.

Wenn ich es unternehme, über diese Dinge zu reden, so bleiben die Worte immer schwach. Mit Musik ließe es sich erreichen, oder durch Umschreibungen, wie es die Dichter immer versucht haben, wenn sie sagten, dieses Mädchen sei wie der Mond oder wie die Himmelsfrau der Morgendämmerung, wenn sie auf eine Schönheit verweisen, die jenseits unseres Wissens liegt. Oder wenn sie sagen, sie sei wie eine Rose und damit ihre sanfte und stolze Schönheit ausdrücken wollen ... daß ihr Handgelenk frisch und zart sei wie der zarte Schaum, den eine sonnenbeschienene Brandung heranführt, daß eine kluge Biene in ihrem Busen nistet, weil sie dort mehr Freude findet, als ihr in ihrem Bienenkorb zuteil wird, daß sie dahinzieht wie eine Wolke oder wie die heidnische Himmelsfrau, die sich nur als Vision darstellt, so daß man alle anderen Bilder, die darauf folgen, nur vermindert scharf wahrnimmt und sich kaum noch an sie erinnert.

Auf solch überhöhte Art können wir uns der Vollkommenheit annähern und wenigstens entfernt das andeuten, was sich mit Worten schwerlich entschleiern läßt. Wir können so die Demütigung bezeichnen, die unser Herz überfällt, wenn wir Schönheit sehen; die Trauer, die schärfer verletzt als jede andere Traurigkeit, die Verzweiflung, die uns überschattet, wenn unser bestürzter Wille eingesteht, daß dies zwar alles übertrifft, aber nicht zu meistern ist, und daß wir deswegen hier jeglichem Anspruch abschwören; denn die Schönheit liegt jenseits des Animalischen, und wie alles von Wert kann sie nur durch das begriffen werden, was ihr gleich ist, und man kann sich ihrer nur erfreuen, wenn man sich mit ihr auf ihrem eigenen Feld einläßt.

Doch sie waren jung, und bei jungen Menschen kommen und gehen die Eindrücke rasch. Sie haben so viel gemeinsam; und ihr Interesse am Gegenwärtigen wirkt schnell; ihr Glaube in die Zukunft ist so furchtlos; ihre Erinnerung an die Zärtlichkeit muß keine langen Wege gehen; sie haben erst selten Verrat erfahren, deswegen kommt die Freundschaft leichter zu ihnen als die Abneigung. Und das Vertrauen wächst, wo das Mißtrauen vergeht, also fühlten sie sich nach kurzer Zeit wieder ganz behaglich; und als das Mahl, das sie bereitet hatten, gegessen war, kannten sie einander und waren Freunde.

Naoise war damals fast neunzehn Jahre alt, sein Bruder Ainnle war siebzehn, Ardan knapp über vierzehn, während Deirdre fast volle sechzehn Jahre zählte. Wie sie zuvor dem Gemurmel eines Baches oder dem Aufstieben eines Vogelschwarms zugehört hatte, so lauschte sie nun einem Gespräch, das überschäumend war wie ein Mühlenrad in Bewegung und durcheinanderging wie das Krächzen einer Schar von Saatkrähen. Wenn sie später daran zurückdachte, vermochte sie sich nicht an viel zu erinnern, sondern wußte nur, daß mehr gelacht als gesprochen worden war. Denn das Gespräch bestand vor allem aus Fragen, und die Antwort auf jede Frage war in fast allen Fällen ein Ausbruch von Gelächter und abermals eine Frage.

Erinnert ihr euch noch an den Tag, da Cúchulinn Hurling spielte in Emain?

Und wie er die Truppe unter seinen Schutz nahm, und an den Abend, als er als Junge fortging und als Hund zurückkam?

Die Scherze spielten auf Streiche an, die sie ihren Ziehvätern gespielt hatten. Grimmige Streiche beim ersten Kampf eines Kameraden, der seinen Kopf dort gelassen hatte, wo eigentlich seine Füße stehen sollten. Fragen spielten an auf wilde Feiern bei Nacht, als die Jungen einen wilden Eber gejagt hatten, den ihre Väter und Ziehväter zur Strecke brachten; auf Strafen, denen sie entgangen waren wie ein Fuchs einem Hund entgeht und, ach, darauf, wie die Strafe sie dann doch noch ereilte, als sie sich schon in Sicherheit wähnten.

Sie waren jung, aber sie hatten schon getötet, und das Lachen schüttelte sie, wenn sie davon erzählten, durch welch wunderbare Strategie ein glücklicher Streich gelungen war, wie der Gegner zu Boden sank und nie mehr aufstand, wie sie heimzogen, brüllend und prahlend vor Freude, mit einem abgeschlagenen Kopf, der die Welt von einer Speerspitze herab vermaß und der auf sie so freudig herabgrinste, wie sie dort unten daherplapperten.

Namen, die Deirdre unbekannt waren und solche, die sie

bei den Gesprächen der Diener gehört hatte, flogen von Mund zu Mund. Conall der Siegreiche, Bricriu der Schelm, Laeri der Triumphierende, Fergus mac Roy – diese Jungen sprachen von ihnen mit einer Vertrautheit, als ginge es um die Vögel in ihrem Garten, und sie kritisierten sie mit der schonungslosen Ungezwungenheit der Jugend.

Sie schienen diese großen Männer durchaus nicht als ihnen überlegen zu betrachten: im Gegenteil. Es war offensichtlich, daß Ardan und Ainnle der Ansicht waren, ihr Bruder Naoise könne jeden dieser Recken mit Leichtigkeit besiegen; aber Naoise war bescheiden und sagte weder etwas dagegen noch zugunsten solcher Behauptungen.

Deirdre war davon überzeugt wie diese Jungen, daß Naoise in der Lage sei, jede Gruppe von Recken, die das Pech hatte, ihm zu begegnen, zu schlagen. Sie wußte es, wenn sie seinen Teint betrachtete, sein gelocktes Haar. Sie wußte es durch eine Vielzahl von Beweisen, und sie wurde etwas zornig, als er gegenüber seinen jüngeren Brüdern erklärte, daß Cúchulinn der größte unter allen lebenden Männern sei. Aber in diesem Punkt herrschte so ungeteilte Übereinstimmung, daß sie vor sich selbst daran zwar zweifeln mochte, doch diese Zweifel nicht auszusprechen wagte.

»Das würde mir gefallen«, sagte Ainnle, »einem Kampf zuzusehen zwischen unserem Cúchulinn und Fergus mac Roy.«

»Das wäre wirklich ein Kampf«, sagte Naoise, »aber wir werden ihn nie zu sehen bekommen. Die beiden lieben sich.«

»Eine verrückte Sache wäre es«, sagte Ainnle, »wenn einmal ein Junge gegen seinen eigenen Ziehvater kämpfen würde.«

»Ich habe von einem Jungen gehört, der dies tat und seinen Ziehvater sogar tötete«, sagte Ardan.

»Wer war das? Wer war das?«

»Ich hab seinen Namen vergessen.«

»Weil du ihn nie gehört hast.«

»Dieser junge Ardan denkt sich solche Sachen nämlich aus«, sagte Naoise mit väterlicher Stimme, während Ardan sein Rotwerden dadurch verbarg, daß er nach dem Feuer sah.

»Was meinst du«, fragte Ainnle, »ob Cúchulinn Fergus schlagen könnte, wenn sie miteinander kämpfen würden?«

Naoise dachte über diese Frage nach. »Ich weiß wirklich nicht«, erwiderte er.

»Ich glaube, Cúchulinn könnte jeden schlagen«, warf Ardan ein, und Naoise fuhrt fort, ohne sich um seinen jüngsten Bruder zu kümmern: »Es war Fergus, der Cúchulinn alles Schlachthandwerk beigebracht hat. Fergus weiß alles, was Cú weiß, aber es kann leicht sein, daß unser Kuckuck nicht alle Tricks weiß, die Fergus kennt.«

»Fergus«, rief Ainnle empört »würde nie Dinge zurückhalten, denn er will auch, daß Cúchulinn der beste Recke in Eire wird.«

»Ich glaube, das stimmt«, erwiderte der immer sehr um Gerechtigkeit bemühte Naoise, »aber es gibt Dinge, die ein Kämpfer weiß, und die er andere nicht lehren kann, selbst wenn er das möchte. Es sind keine Tricks, es ist das, was Conachúr ›die Arten‹ nennt, und Fergus hat solche Kampfarten, als ob er im Kampf geboren worden sei und beim Kampf schlafen gehen könnte, wenn er es wollte.«

»Erinnerst du dich noch«, rief Ainnle, »da gab es doch einmal einen Recken, der sich mitten im Kampf kratzte?«

»Ho, ho«, lachte Ardan.

»Und der andere Recke hieb ihm sein Hinterteil ab, während er sich bückte«, erinnerte sich Ainnle lachend.

»Dieser Mann muß ein großer Narr gewesen sein«, sagte Ardan ernst.

»Nein«, lachte Naoise, »er meinte eben, er habe genug Zeit dazu. Ich sah diesen Kampf. Eine Wespe oder eine Hornisse muß in sein Hosenband geschlüpft sein. Er tat einen Sprung und bückte sich, um nach seinem Bein zu greifen, aber der andere Mann sprang ihm nach. Dann machte er noch einen Sprung und bückte sich wieder, aber er war nicht sehr weit gekommen dieses Mal ... und so erwischte ihn sein Gegner. Alle mußten so lachen, daß man ihn am Leben ließ. Also behielt er seinen Kopf, wenn er auch seinen Hintern verlor.«

»Ho, ho, ho!« röhrte Ardan. Es war sein Gelächter, das Deirdre veranlaßte, sich mit einem Freudenlaut zu verabschieden. Dieses Geräusch bestürzte sie nämlich so sehr, daß sie aufsprang und zwischen den Bäumen davonlief, nach Haus. Außer den Worten der Begrüßung und des Segens, die immer sein müssen, hatte sie nichts zu den Jungen gesagt. Ardan und Ainnle fanden das ganz in Ordnung so. Ein Mädchen unter Recken soll schweigen, aber Naoise dachte bei sich, es sei eigentlich schade, daß sie nichts gesagt habe. Er stellte sich vor, daß es angenehm gewesen wäre, ihre Stimme zu hören.

ELFTES KAPITEL

Wenn es nur von den Jungen abhängen würde, kämen die Mädchen wahrscheinlich nie unter die Haube, denn Jungen haben immer dringliche Interessen und wenig Zeit übrig für Träume, die für die Mädchen so wichtig sind. Sie spüren auch, daß sie es in dieser Kunst nicht so weit bringen, wohingegen ein Mädchen in ihr oder für sie instinktiv begabt zu sein scheint. Denn wie eine junge Biene, ohne daß es sie jemand lehrt, sich in den merkwürdigen Gängen und Einrichtungen ihres Zuhauses zurechtfindet, so wird ein Mädchen immer das Abenteuer der Liebe suchen, ohne böse Ahnungen und ohne daß man sie derlei gelehrt hat.

Das Geheimnis der Biene und das des Mädchens ist, daß sie sich voll und ganz einer Idee ausliefern, und diese machtvolle Konzentration, in der das Sein eins wird mit dem Wunsch, bringt sie so unabweisbar ans Ziel wie den Vogel, der unter all jenen Hecken, die sich in der Landschaft finden, unfehlbar jene aussucht, in der sein Nest ist.

So kam es dahin, daß obgleich Naoise noch über jenen Besuch nachdachte, der Gedanke an das Mädchen nur einer unter vielen war, denn Naoise war in ernsthafte Geschäfte verwickelt, und außerhalb des Schlafs blieb ihm nicht viel Zeit zum Träumen. Er hatte längst die Jungmannschaft in Emania verlassen. Er hatte jene Taten ausgeführt, durch die ein Lehrling zum Meister wird, und zwei volle Jahre waren schon vergangen, seit Conachúr

ihn in Gegenwart eines feierlich gestimmten Publikums in die Bruderschaft vom Roten Zweig aufgenommen hatte. Er hatte ihm die Rüstung übergeben und den Schild ausgehändigt, den er nun, wie es die Ehre eines Ritters verlangte, immer bei sich trug. Er war von Geburt ein Edelmann, aber nun war er auch ein Soldat. Er mußte sein Schwert ziehen für jene, die ihn um Schutz ersuchten oder gegen solche, die ihn verlachten. Er war gewöhnt, sich in einem Bereich zu bewegen, in dem er vom Tod nicht weiter entfernt war als eine Speerlänge, und er sah den Tod so unbedingt als einen Teil des Lebens an, daß er um ihn so ernsthaft buhlte wie er sein Gegenteil liebte. Seine Gedanken an Deirdre komplizierten sich durch das Wissen, daß sie das Mündel seines Herrn war, und seine persönliche Loyalität gegenüber Conachúr war so groß, daß er nicht einmal gewagt hätte, von etwas zu träumen, das dem König gehörte. Geschichten über Deirdre waren vor langer Zeit aus der Fremde herangetragen worden. Der Umstand ihrer einsamen Verwahrung gab dem Geschwätz eine romantische Note, und alles, was man über sie sagte, wurde noch unterstrichen durch den einzigartigen Umstand ihrer Geburt und ihrer Erziehung. Die alten Diener machten Anspielungen, zwinkerten und nickten. Das wies auf eine Schönheit hin, die sondergleichen war. Und die Wachmannschaften, teils prahlerisch, teils durchaus wahrheitsgemäß, trugen das ihre dazu bei, daß sich solche Gerüchte um Deirdre verbreiteten.
Nun konnte man über derlei Dinge zwar reden, aber man ging ihnen nicht weiter nach, denn das Mädchen gehörte dem König, und die Neugier wurde gedämpft durch diese entscheidende Tatsache. Deshalb versuchte Naoi-

se, soweit das für einen jungen Mann möglich ist, nicht mehr an Deirdre zu denken, oder erinnerte sich ihrer lediglich als einer herrlichen Erscheinung. Auch warnte er seine Brüder davor, anderen gegenüber etwas über den Vorfall verlauten zu lassen.

Während er sich also zu diesem Verhalten durchgerungen hatte, ging es bei dem Mädchen ganz anders zu. Im Guten oder im Bösen – ihre Einbildungskraft war erregt worden und durch diese waren ihre Sinne erwacht. Ihre Wunschträume hatten nun ein Ziel, zu dem sie hinfliegen konnten, und während die Unruhe, die diesen Jahren eigen ist, so verstohlen wuchs wie ihre Glieder, blieb sie doch nicht länger unbeachtet. Sie hatte nun eine Richtung, und Deirdre orientierte sich entschieden und unbewußt in diese Richtung, wie sich eine Blume der Sonne zuwendet.

Nun wurde sie ein Geschöpf, das einer anderen Art von Träumerei zuneigt. Sie starrte nicht länger vage in die Gegend, sondern erkannte beim Schauen etwas, das selbst die kluge Lavarcham nicht vermutete.

Das machtvolle Bild eines Wunsches ist ein magischer Akt, von dem der Gegenstand des Wünschens nicht völlig unberührt bleibt; denn selbst, wenn auf diese Art und Weise keine zusammenhängende Botschaft übermittelt wird, teilt sich doch die Unruhe auf eine diffuse Weise mit, und es mag sein, daß im Schlaf Naoise nicht länger Herr seiner Träume war.

Doch der reale Spielraum einer Handlung liegt beim Schauspieler, und Deirdre, die brütend an Naoise dachte, war eine Deirdre, die über sich selbst brütete und nun die Richtung ihres Wachstums und ihrer Reife bewußt unter ihre Kontrolle brachte. Lavarcham bemerkte diese Veränderung; denn wenn sie jetzt zu dem Mädchen sprach, antwortete ihr eine Frau. Sie nahm an ihrem Mündel etwas Störrisches wahr, gehorsam noch, aber doch sich ihrer Überwachung entziehend und somit auch ihrer Kontrolle, wie sie sich selbst der Überwachung durch alle Personen ihrer Umgebung zu entziehen verstand.

ZWÖLFTES KAPITEL

Als Lavarcham das nächste Mal mit dem König sprach, fühlte sie sich unbehaglich und hatte ein Empfinden von Hast. Es drängte sie, etwas zu unternehmen, wie es uns immer drängt, etwas zu tun, wenn wir die Richtung verloren haben und uns dennoch ein intuitiver Zwang antreibt.

»Lavarcham, meine Seele«, sagte Conachúr, »es geht immer alles nach deinem Willen, denn du beharrst und beharrst, und schließlich erfüllt man deinen Wunsch, oder man hat keinen Frieden im Haus oder im Königreich.«

»Wohl wahr«, sagte Lavarcham, »ich sehe nicht ein, was daran falsch sein soll.«

»Ich kann das schon nicht mehr hören!« rief der König, »du hast mir in der Vergangenheit so häufig von deiner Kleinen erzählt, daß ich sie mir endlich ansehen muß oder noch Schaden nehmen werde durch deine Hartnäckigkeit.«

»Darüber bin ich froh«, erwiderte Lavarcham, »denn sie wächst heran und braucht anderen Beistand als ich ihn ihr geben kann. Ihr solltet einen Mann für sie finden«, sagte die schlaue Frau.

»Das muß dann wohl geschehen«, murmelte der König. Er war für ein paar Minuten still, denn das Stichwort Heirat erinnerte ihn an seine eigenen Erlebnisse in dieser Hinsicht, und als er sprach, geschah das mit geradezu aufgesetzter Sorglosigkeit. »Hast du irgendwelche Neuigkeiten vom Hochkönig gehört?«

»Ich habe etwas gehört, aber es ist nur ein Gerücht. Seine Tochter, die Königin Maeve, soll wieder geheiratet haben, und angeblich hat ihr der Hochkönig das Königreich von Connacht übergeben.«

»Vielen unserer jungen Leute«, sagte der König mit einem harten Lächeln, »ist dieses Königreich und sein Volk schon längst ein Dorn im Auge: es dürfte mit der Zeit schwierig werden, sie daran zu hindern, die Grenze zu überschreiten.«

»Einer dieser Männer«, sagte Lavarcham, »überschreitet den Damm des Schwarzen Schweines oft genug.«

»Und, beklagt sei's«, sagte Conachúr amüsiert, »er kommt auch wieder zurück. Wir müssen die Grenzwachen verstärken, oder dieser Mann wird uns zum Gelächter in ganz Irland machen. Es ist doch Cet mac Magach, von dem du sprichst.«

»Conall Cearnachs Onkel, in der Tat,« erwiderte Lavarcham.

»Aber Conall geht doch auch über die Grenze«, sagte der König. »Mein Gedächtnis läßt nach«, fuhr er fort, »was ist es, dessen Conall sich rühmt?«

»Er rühmt sich, nie schlafen zu gehen, ohne daß der Kopf eines weiteren Mannes aus Connacht in der Krümmung seiner Knie liegt.«

»Eines Tages wird er vielleicht einmal vergessen, daß dieser Cet mac Magach sein Onkel ist, und wenn er dessen Kopf heimbringt, werden wir diesen mit allen Ehren empfangen. Aber was dein Kleines betrifft: morgen gehe ich es mir ansehen. All deine Übertreibungen werden sich morgen in deinem Gedächtnis anhäufen, meine arme Freundin, und du wirst dann sehr unglücklich sein.«

»In der Tat«, gab Lavarcham zu, »jemanden, den wir lieben, sehen wir mit den Augen der Liebe, und dabei entdecken wir dieses und jenes, was für andere Menschen unsichtbar bleibt.«

»In der Liebe«, erwiderte Conachúr, »sehen wir nur, was wir zu sehen wünschen, und da dies nicht real ist, sollten wir nichts liebend betrachten, dann würden wir sehen, was wirklich sichtbar ist.«

»Das ist wohl wahr, Herr«, pflichtete Lavarcham unterwürfig bei.

»Mit solchen Augen will ich dein Kleines morgen ansehen.«

»Ach, meine arme Deirdre«, sagte Lavarcham.

»Das Unglückskind hat bisher noch keinen Ärger gemacht«, lachte Conachúr.

DREIZEHNTES KAPITEL

Lavarcham fuhr heim. Dieses Gefühl von Dringlichkeit und unüberlegter Hast, das sie seit einiger Zeit verspürt hatte, war größer denn je, drängte sie zu einem Handeln, wozu, wenn sie genauer nachdachte, keine Erklärung und kein Plan vorlagen. Irgend etwas mußte geschehen: sie wußte, was es war, und doch konnte sie es nicht ausdrücken. Und da war etwas, das ein Handeln verhinderte. Sie wußte und wußte auch wieder nicht, was in ihr diese Obstruktion bewirkte.

Das Gefühl, ohne Warnung kontrolliert zu werden, einen Schlüssel zu besitzen, ohne daß man erfahren hat, welche Tür er öffnet, ist allen Menschen zu eigen, die planen und nicht genügend Abstand haben, um wahrzunehmen, daß sie das Opfer ihrer eigenen Machenschaften werden; denn es gibt einen Punkt, bis zu dem hin wir in der Lage sind, unsere Wünsche zu kontrollieren. Aber dort, wo sie sich mit den Interessen anderer Menschen überschneiden, da überschneiden sich die Wünsche anderer mit unseren. Sie hören auf, eine Vielzahl zu werden, und werden ein einziges Ding. Wir werden heimgesucht von jenem Geist, den wir freigesetzt haben. Aber wir wissen mit einer tiefen, unbewußten Sicherheit, daß all dies geschieht. Wir billigen diese Absichten unserer Intuition, die nicht unbedingt unseren Interessen entsprechen müssen oder unserem kontrollierenden Verstand unterliegen. Gewohnheit allein leitet uns auf jenen Wegen ohne Spur, und es war ihre Gewohnheit, verschwiegen zu sein, die Lavarcham wieder beruhigte.

Ihr erster Impuls war gewesen, Deirdre stürmisch zu erzählen, der König werde am nächsten Tag kommen, um sie anzuschauen. Ihr zweiter Impuls war Vorsicht. Wenn ich ihr davon erzähle, dachte sie, wird das arme Kind die ganze Nacht nicht schlafen, und sie wird vor Übernächtigung schlecht aussehen. Deshalb erwähnte sie Deirdre gegenüber nichts. Aber sie war längst nicht mehr die gelassene Frau, für die alle Welt sie ansah. Sie setzte sich, stand wieder auf, wanderte von Zimmer zu Zimmer, kehrte von diesen Ausflügen an den Ausgangspunkt zurück und begann abermals ihren Rundgang. Sie setzte sich Deirdre zur Seite, nahm ihre Hand, starrte lange und ernsthaft in das Gesicht, das sie so liebte. Ihr Blick verharrte bei dem Augenpaar, der Wangenlinie, dem Ausdruck der Lippen und ihrem Kinn. Sie sah, wie die Zähne glänzten und verschwanden, während sie sprach, wie ihre Zunge aussah, wenn sie als ein kurzer roter Blitz sichtbar wurde, sie sah auf ihre Ohren und ihr Haar, trat zurück, um sie als ein Mädchen wahrzunehmen, als ein vollständiges Ganzes.

Sie dachte darüber nach, welches Kleid Deirdre am andern Morgen anziehen solle – welchen Schmuck man um ihren Hals legen, in ihr Haar stecken könne, und dann, überkommen von einem Fieber der Inspiration, verwarf sie all diese Pläne wieder und kam mit sich selbst überein, daß es besser sei, überhaupt keinen Schmuck zu verwenden, damit es nichts zu sehen gäbe außer dem Mädchen selbst, ihrem Haar als Krone und ihren Augen. Die Geschmeidigkeit ihrer Glieder sollte für sich selbst sprechen, die Farbe ihrer Wangen müsse, so dachte sie, Wunder genug für jedes Auge sein. Und dann wieder überlegte sie, daß Männer diese Dinge nicht auf einen Blick wahrnehmen, daß sie gewohnt sind, nach dem Ausschau zu halten, was sie bereits früher gesehen haben; daß sie Zeit darauf verwenden, sich nicht so sehr an dem zu erfreuen, was da ist, sondern herauszufinden versuchen, was gegenüber ihren Erwartungen alles fehlt. Und sie dachte daran, daß es Conachúr selbst war, der da kam. Ein Mann mit einem Sinn, der über das genau nachdenken würde, was man ihm da vorführte, und einem Blick, der nichts mehr gelten ließ als das, was er sah. Sie entschloß sich verängstigt, in keiner Weise Deirdre auf den Besuch vorzubereiten, und daß, bis zum letzten Augenblick, in dem man es hereinrief, das Kind nichts von dem erwarteten Besucher wissen solle. Sie traf Vorsorge dafür, daß alles so vonstatten gehen werde. Zu der gewohnten Stunde erloschen die Fackeln, und die Leute des Haushaltes begaben sich in ihre Betten.

VIERZEHNTES KAPITEL

Zu einem Zeitpunkt, da es ihr gefiel, erhob sich Deirdre aus ihrem Bett.

Sie fand keine Ruhe, obwohl sie mit der endlosen Geduld, die man von einer Katze lernen kann, dort gelegen hatte. Sie hatte Stunde um Stunde ins Dunkle gestarrt und sah in ihm mehr strahlendes Licht, als die Sonne hätte bringen können.

Endlich lebte sie.

Das Bewußtsein, daß für alle Morgenstunden vorgesorgt

war, daß all die Minuten in all den Morgenstunden kalkuliert waren, fiel von ihr für immer ab, denn sie war endlich ein selbständiges Wesen geworden und nicht mehr eine Puppe, die man hierhin und dorthin zerrt oder befiehlt, und die immer nur tun muß, was andere Menschen wollen; denn zuerst erwacht die Vorstellungskraft und dann die Sinne und zuletzt der Wille, wenn sich die Zwänge endlich in einem Brennpunkt treffen.

Als sie an all die anderen Leute dachte, an Lavarcham und die groben Diener, an die wackligen und niesenden Wachen, die ihr alle mit einem Geschwätz von Freiheit in den Ohren lagen, überkam sie Wut, und in diesen Augenblicken war sie nicht länger ein Mädchen, sondern eine wilde Katze. Sie hätte kreischen und kratzen können und sterben vor sinnloser Wut.

Doch ihr Bewußtsein wurde nun überflutet von einem Gefühl von Dringlichkeit, so als ob etwas danach verlange, auf der Stelle getan zu werden, und zwar mit einer Gangart, rascher als sie ihre Füße bewegen konnte.

Was war es denn, was sie wollte? Sie wußte es nicht, aber sie wußte genau, daß es sie danach verlangte mit einer unkontrollierbaren inneren Gier, die aus ihr eine Person machte, welche sie nicht begriff und gegen die sie nicht streiten konnte.

Doch bei allem Tumult ihres Innern war sie geduldig im Sinn der wunderbaren Geduld der Jugend. Kein Erwachsener hat ein Zehntel der Geduld eines Kindes, das, von der Stunde seiner Geburt bis zu dem Tag, an dem es sich von den zögernden Eltern seine Freiheit erobert, ein Leben führt, welches einer sich ewig hinziehenden Schulstunde gleicht. Sie können warten, denn sie wissen, daß die Zukunft ihnen gehört, daß sie zu ihnen kommen wird, über welche Hindernisse hinweg auch immer. Und auch Deirdre konnte warten.

Als Lavarcham leise ihre Kammer betrat, tat sie so als schlafe sie, und es amüsierte sie, hinter den geschlossenen Lidern hervor das rote Licht anzustarren, das die Fackel durch die Dunkelheit trug. Sie dachte, Lavarcham werde nie mehr fortgehen, und indem sie die Wimpern ein wenig hob, sah sie die Frau mit so unverminderter Aufmerksamkeit brütend auf sie hinschauen, daß es sie erstaunte. So neugierig und so lang andauernd war diese Prüfung, daß sie fast die Augen aufgeschlagen und zu wissen verlangt hätte, was die Ursache für diesen prüfenden Blick aus jenem Gesicht aus Elfenbein und Perlmutt war, das sich über sie beugte. Aber sie tat das nicht, denn junge Leute nehmen es hin, auf eine Art angestarrt und begutachtet zu werden, die Menschen in ihrem späteren Leben in den Wahnsinn treiben würde, und sind in der Lage, Vorgänge, die mit ihnen zu tun haben, so aufzunehmen, als gingen sie sie nichts an.

Lavarcham seufzte tief: Dann wich das Licht zurück, entfernte sich immer weiter und verschwand.

Deirdre kannte jede Regung Lavarchams bei Nacht. Jetzt tat sie dies, dann tat sie das, später würde sie jenes tun: eine sich nie ändernde Folge kleiner Einzelheiten, die sie beobachtet oder belauscht hatte seit der ersten Stunde, in der sie zu belauschen und zu beobachten fähig war. Als sie aus ihrem Bett aufstand, tat sie es mit einem Gefühl absoluter Sicherheit, weil nun nämlich alle gewohnheitsmäßigen Einzelheiten beieinander waren, die dazu führten, daß Lavarcham bestimmt einschlief.

FÜNFZEHNTES KAPITEL

Der Mond war in seinem letzten Viertel, eine blasse, dünne Sichel, die aufleuchtete, verschwand und wieder auftauchte in einer Masse hastig dahingleitender Wolken. Während dieser Verfinsterung hüllte eine noch größere Stille die Erde ein. Dann tauchte die Sichel wieder auf, und mit ihr hob sich mehr als nur die Dunkelheit. Etwas weitaus Geheimnisvolleres als Dunkelheit verschwand auf der Stelle; dieses Brüten einer unendlichen Gegenwart wich zurück, und die normale Welt, schön und vollständig, kam silbern in Sicht.

Durch diese Düsternis und solche Visionen rannte Deirdre. Sie nahm jeden Schatten wahr wie das ein Hase tut, der weiß, daß dieser Schatten eine Gefahr ist und jener Schutz bietet, und der läuft oder innehält, je nach dem, was sein hart erworbenes Wissen ihm rät.

Eine Wolke von einer gewissen Größe bedeutet einen Schatten von einer bestimmten Dauer. Diese Wolke wird es mir ermöglichen, den Rasen zu überqueren, und wenn das geschafft ist, werden die Bäume dort drüben wieder Schatten werfen. Von Süden kam eine andere Wolke massig wie ein zwei Morgen großes Feld und dahintreibend wie Fäden von Altweibersommer. In der Düsternis, die sich von ihr herabsenkte, konnte die Mauer überwunden werden. Der Schutz der Bäume oder des langen Grases ließ sich erreichen, ehe der Mond wiederkam, unerhört zart in seiner Strahlkraft, in der sich Silber und Blau mischten.

So floh sie. Eine Lerche beobachtete sie von ihrem taudurchnäßten Nest und wandte sich wieder dem Schlaf zu, aus dem sie hochgeschreckt worden war; als sie über die Mauer kletterte, machte die Fledermaus, die dort hochflog, mehr Lärm, als sie das tat.

Zu bestimmten Zeiten, wenn es weder licht noch dunkel war, umschloß sie eine Welt aus Grau und Purpur, die vierzig Fuß hoch war und fünfzehn Fuß Durchmesser hatte. Sie streckte gewissermaßen ihre Ohren gegen die Grenzen des kleinen Universums vor sich aus, ehe sie den nächsten Schritt wagte.

Wundervoll und schrecklich waren diese undeutlichen Oasen der Vision. Über sie hin, scheinbar von nirgendwo, einen Augenblick innehaltend, ehe sie weiter dem Nichts entgegenzogen, schweigender noch als selbst die Nacht und ebenso unvorstellbar, flatterten graue Motten; sie waren undeutlich wie Geister und ähnlich unbekümmert. Zuckten hin und zurück und verschwanden in der Bewegung eines geräuschlosen Flügels. Kleine Geschöpfe schienen darauf zu warten, bis sich ihr Fuß auf sie setzte, um dann, mit einem Laut, der nur für zwei Sekunden des Schreckens andauerte, zu verschwinden. Danach war die Welt gänzlich leer. Bei diesen Geräuschen hielt sie inne, ihr Herz schlug ihr bis zum Hals, Angst schüttete sich über und um sie aus. Dann bewegte sie sich wieder, schlüpfte in die Schatten hinein, aus ihnen hervor, so flink wie der Mondstrahl aus einer Wolke kam und wieder von ihr verschluckt wurde.

Sie wußte, wohin sie ging, aber nicht, was sie tun würde. Sie wollte ihn wiedersehen, und das war ein Zwang. Sofern es danach noch anderes zu tun gab, würde es sich ergeben, wenn es soweit war. Aber die eine große Vorstellung war völlig hinreichend – sie würde ihn wiedersehen, und sie würden miteinander reden. Sie war ganz sicher: diesmal würde er mit ihr sprechen, und was immer er auch sagte, es würde klüger und süßer und seltsamer sein als alle Worte, die sie bisher vernommen hatte. Sie fragte sich, was wohl diese magischen Laute bedeuten würden und wie sie darauf antworten könne, wohl wissend, daß ihre Antworten alle schon feststanden, und daß das einzige Wort, das sie nun noch bis zu ihrem Tod hervorbringen mußte, das Wort »Ja« sein werde.

SECHZEHNTES KAPITEL

Sie stand hinter einem Baum und blickte auf das Lagerfeuer und auf die drei Personen, die sich dort streckten und umhergingen. Sie hörte auf das Wirrwarr des Gelächters, das zwischen ihnen hin und herlief, Jugend, die Jugend ruft und auf Jugend antwortet. Brennende Scheite auffangend und sie sorglos zurückwerfend. Verschwenderisch waren sie wie junge Götter, ausgelassen wie junge Tiere; sorglos, weil sie nicht arbeiten mußten, mit einem Körpergefühl von Behaglichkeit, weil sie tätig waren. Unachtsam gegenüber der Dunkelheit in ihrer Ausgelassenheit, mit einer Gedankenlosigkeit, die schön war, weil sie sich aus ihrem Jungsein ergab. Aber für sie, die da zusah, horchte und wartete, war all die Fröhlichkeit eine Qual. Sie war jugendlicher als jene da, aktiver, aber sie dachte auch mehr nach, denn Wünsche sind Gedanken, die noch nicht übersetzt sind, und ihr Wünschen schwoll an über die Welt hin und verbannte alles andere, so daß sie eine Einsamkeit herstellen konnte, in der sich über ein so gigantisches Geheimnis nachdenken ließ.

Die Nacht war schon fortgeschritten, und junge Leute wollen schlafen. Bald streckten sie sich am Feuer aus, und jeder gab sich dem Schlummer hin, der ebenso köstlich ist, wenn es Zeit dazu wird, wie das Erwachen; und da ihre Lebensweise dies begünstigte, schliefen sie so jäh ein, als wären sie von einer Klippe gestürzt.

Deirdre konnte kaum die fünf Minuten abwarten, die es dauerte. Dann pflückte sie etwas Moos und warf es Naoise auf die Brust.

So rasch wie er eingeschlafen war, so rasch war er wach. Er hatte tief geschlafen, jetzt war er sofort munter, mit allen Sinnen, seine Glieder ebenso bereit zur Bewegung wie zuvor zur Ruhe.

Er sah das Häufchen Moos auf seiner Brust, wußte, daß dererlei nicht vom Himmel fällt, und sah sich nach der Ursache um. Eindringlich suchte er zwischen den Baumstämmen, die sich endlos in Schimmer und Düsternis zu erstrecken schienen.

Sie trat einen Schritt vor.

Hatte sie sich tatsächlich von allein bewegt oder war sie angetrieben worden? Gewiß hatte eine Hand sie an der Schulter gepackt und sie vorangestoßen. Aber in dem Augenblick, in dem sie sich bewegte, erfaßte sie Panik, so plötzlich und überwältigend wie ein Falke sich auf eine Maus stürzt. Sie griff sich mit der Hand an die Brust, damit ihr das Herz nicht entrissen werde, aber die Hand fuhr an die Lippen, verschlossen sie erschreckt, ehe ihnen ein Laut entwichen war. Sie wollte sich mit einer raschen, fliegenden Geste umwenden, aber der Fuß, dessen Schritt die Flucht einleiten sollte, setzte seine Bewegung fort. Und alles um sie hielt sie auf, weil Schrecken davon ausging. Denn er war schon aufgesprungen, geschmeidig wie eine Katze und ebenso lautlos, und mit drei Schritten stand er neben ihr und umschloß sie auf eine Weise, daß es nun keinen Rückzug, keine Flucht und überhaupt kein Entkommen mehr gab.

Und wie ihr Herz geklopft hatte, so klopfte seines auch, und sie standen da in einem inneren Aufruhr, so aufgeladen, so intim und so erregt, daß das Lärmen und Rauschen des Sturmes im Vergleich damit wie Stille wirkte. Sie konnten nicht sprechen. Es waren scheinbar auf der ganzen Welt keine Worte mehr vorhanden. Es gab nur Augen, die sich aufeinander stürzten, voreinander flohen, und eine mächtige Hand umspannte ihren Arm, die nie mehr loslassen würde. Eine Hand, die sie immer weiter und weiter rückwärts schob, fort von den freundlichen Scheiten, die knisternd zersprangen und brannten, fort von den ruhigen Gestalten, die sie vielleicht hätten retten können, aber dalagen als schliefen sie, eingeschlossen in Stein. Mit einem Laut hätte sie entkommen können, aber das Gesetz ihres Seins befahl, diesen Laut nicht auszustoßen. Sie hätte auch entkommen können, indem sie sich ein Zögern anmerken ließ, einen leichten Widerstand gegen den Druck dieser Hand. Aber sie brachte diese doch geringfügige Bewegung nicht zustande. Eine Müdigkeit, als würde da eine Welt aufgetürmt, lief von seinem Finger in ihr Bewußtsein und verbot, jetzt länger selbständig etwas zu wollen. Eine Lethargie, die völlige

Kapitulation bedeutete, stahl sich in ihre Glieder. Sie dachte nichts mehr, wünschte nichts mehr. Sie war so bar aller Überlegung als sei sie tot. Seine Hand fuhr fort, sie zu lenken, und wenn das ein Ende hatte, würde sie zu jeder weiteren Bewegung oder zur Ruhe unfähig sein.

Alle Furcht einer Unterbrechung war vorbei, und noch gingen sie weiter, vorsichtig und geräuschlos, als stehe die Unterbrechung unmittelbar bevor, als sei sie unvermeidlich, sie rückten Bäume und immer mehr Bäume zwischen sich und das springende Feuer, sehnten sich danach, es zu vergessen, suchten mehr und mehr in die Dunkelheit hineinzukriechen und stießen überall auf ein Zwielicht, das sie eher bloßstellte. Sie vermochten die Dunkelheit nicht zu entdecken. Es gab keinen Platz, an dem sie aufhörten, einander zu sehen. Immer sah es weiter fort schwarz aus, wenn sie aber hinkamen, sahen sie immer noch das bleiche Gesicht des anderen, Dunkelheit überall, nur nicht in diesen Gesichtern.

Sie hielten gewaltsam inne, mit jenem Gefühl unerhörter Entmutigung, wo die Leidenschaft in sich selbst zurücksinkt, das Wünschen aufhört und nichts gegenwärtig ist als Traurigkeit. Seine Hand hielt sie, aber sie griff nicht länger fest zu, sie lag auf ihrem Arm wie ein totes Gewicht. Sie hätte sich nur ein winziges Stück fortbewegen müssen und es wäre abgefallen. Sie hätte sich nur abwenden müssen, und er hätte ihr nicht einmal mit den Augen folgen können, aber die Energie, die aus ihm abgezogen worden war, flutete in sie wie ein wirbelnder Strom, und als seine Hand wegsank, übernahm ihre die Verpflichtung, der seine nachgekommen war.

SIEBZEHNTES KAPITEL

Wenn sich Lavarcham je gestattet hätte aufgeregt zu sein, wäre sie es am nächsten Tag gewesen. Aber es gibt ein merkwürdiges Mittel, mit dessen Hilfe wir den Ausbruch von Gefühlen verschieben können. Viele Menschen können eine bestimmte Sache nur unter der Bedingung tun, daß sie sie in zwei Richtungen tun. Sie können nur sich selbst unterdrücken, wenn sie gleichzeitig jemand anderen auch unterdrücken. Denn was wir nach außen gerichtet anderen antun, das tun wir nach innen gerichtet uns selbst an. Wenn wir jemanden foltern, foltern wir auch uns selbst in gleichem Maß und zucken unter der Folter zusammen. Ein Tyrann ist letztlich jemand, der nach einer falschen Methode trachtet, Herr über sich selbst zu werden. Um gut zu sein, muß man das Gute tun, und um etwas Bestimmtes zu sein, muß man das Entsprechende konkret tun, denn Leben ist Bewegung, und alles andere ist auch Bewegung. Unbewußt entdeckte Lavarcham, daß Deirdre äußerste Disziplin und Unterdrückung, die gegenüber einem menschlichen Wesen angewandt werden kann, nötig habe.

»Das Kind wird wild«, klagte sie der Luft, die um Deirdres Kopf war.

»Ich habe doch überhaupt nichts getan«, rief Deirdre.

»Es gibt tausend Dinge, die du hättest tun sollen«, erwiderte Lavarcham.

»Aber welche?« verlangte Deirdre zu wissen.

Das wußte Lavarcham auch nicht.

Sie verspürte aber selbst die Notwendigkeit, tausend Dinge zu tun. Sie fühlte sich so zur Geschäftigkeit getrieben, daß es mindestens tausenderlei zu tun geben mußte. Und doch wußte sie, daß für sie nichts mehr zu tun übrig blieb, also mußte der Vorwurf Deirdre treffen. Was es wirklich zu tun galt, war, ihrer eigenen Aufregung Herr zu werden, und sie sah mit einem Blick, daß Deirdre auch sehr erregt war.

»Du mußt stillsitzen, mein Schatz«, rief sie. »Du mußt nicht von einem Ort zum anderen gehen, hier etwas aufnehmen und es dort wieder hinstellen. Das macht dich nervös, und die Nervosität überträgt sich von dir auf andere...«

»Aber...«, protestierte Deirdre.

»Und du mußt nicht immer widersprechen. Wenn man dir etwas sagt, mußt du es freudig und geduldig tun...«

»Aber...«, rief Deirdre.

»Denn«, fuhr Lavarcham fort, »ohne solche Selbstbeherrschung und Sanftheit in den Bewegungen wird aus einem Mädchen niemals eine Frau.«

»Aber«, explodierte Deirdre, »ich habe doch gar nichts getan.«

»Du weißt, mein Schatz, daß alles, was ich sage, nur zu deinem Besten ist, und wenn ich dir einen Rat gebe, so, weil ich sehe, daß du solche Hinweise nötig hast. Du bist sehr erregt heute, mein Knospenzweig, und es gibt keinen Grund, weshalb du nicht auch heute so gelassen sein solltest wie du es gestern oder an irgendeinem anderen Tag warst. Dies ist nur Heute. Morgen wird kommen und Heute wird vergessen sein.«

»Ich begreife nicht im geringsten...«, begann Deirdre.

»Da gibt es nichts zu verstehen, mein Liebes. Es gibt nicht den geringsten Grund auf der Welt, um dich zu sorgen. Setz dich nun mit deiner Stickerei hin und bleib darüber, bis ich dir erlaube aufzuhören.«

Deirdre war tatsächlich aufgeregt, aber Lavarcham merkte davon nicht das Geringste... noch war das überhaupt sichtbar. Es war eine sehr intime Aufregung, über die man nachdenken, an der man sich freuen konnte, ob man nun über einer Stickerei saß oder etwas ganz anderes tat. Und Lavarcham beobachtete sie, nahm aber nichts von dieser tiefen Erschütterung, dem Erinnern und dem Traum wahr.

Ich war klug, überlegte sie, ihr nichts zu sagen. Das Kind sieht heute schöner denn je aus. Es hat gut geschlafen. Während sie so beschäftigt da saß, stürzte eine Dienerin ins Zimmer, der die Augen fast aus dem Kopf sprangen. Sie plapperte, aber Lavarcham schnitt ihr das Wort ab, denn sie erriet sofort, daß der König angekommen war, und sie wollte auch jetzt noch nicht, daß Deirdre etwas davon erfuhr. Sie sprang auf und wandte sich eiligst der Dienerin zu.

»Betritt man so ein Zimmer, törichte Sklavin? Hast du unter den Rindern solche Manieren gelernt? Fort mit dir, und untersteh dich, diesen Raum noch einmal zu betreten, ehe du nicht höflich um Erlaubnis gefragt hast!« fuhr sie ärgerlich fort, während sie die Sklavin wieder zur Tür hinaus und draußen im Gang von der Tür fort drängte.

»Wer in aller Welt ist denn gekommen?«

»Es ist der Sohn von Ness...«, plapperte die Dienerin.

»Und wenn es so ist«, sagte Lavarcham, »desto mehr Grund für dich, aufmerksam und respektvoll zu sein und nicht aufzufallen. Geh an deinen Platz und bleib dort, bis ich nach dir schicke.«

Sie kehrte dann zurück, und immer noch Verärgerung vortäuschend, schickte sie Deirdre auf ihr Zimmer.

»Du hast deine Fingernägel nicht ordentlich geschnitten«, schimpfte sie, »unter einem sehe ich einen schwarzen Fleck. Das gehört sich nicht. Geh in dein Zimmer, kleine Blüte, und wenn du zurückkommst, dann sorge dafür, daß man sich deiner nicht schämen muß.«

Während sie so sprach, führte sie Deirdre in ihr Zimmer und stieß sie über die Schwelle. Dann kam sie zurück und griff nach der Stickerei, von der sie ihr Mündel vertrieben hatte. Sie bereitete sich darauf vor, den König zu empfangen.

ACHTZEHNTES KAPITEL

Nun, mein Herz«, sagte der König, als er durch die Tür den sonnigen Raum betrat.

Mit einem raschen Blick nahm er alles wahr, was es da zu sehen gab. Die Hölzer an den Wänden und auf dem Boden waren wieder und wieder poliert worden, bis sie wie Kristall leuchteten. Die großen geschnitzten Stühle standen genauso weit voneinander entfernt wie von der Wand. Die Felle und Häute bildeten auf dem Fußboden ein geometrisches Muster und sorgten für eine Abstufung der Farbe. Conachúr schüttelte den Kopf, als er das sah.

»Mit Methode«, sagte er und setzte sich.

»Ordentlich, Herr«, korrigierte sie vorsichtig.
»Es ist das Zimmer einer Frau«, beharrte er, »kein Mann könnte darin leben.«
»Es lebt ja auch keiner darin«, sagte sie unterwürfig.
»Und indem ich es auch nur betrat, habe ich es bereits ruiniert«, fuhr der König in betretenem Tonfall fort. »Drei Läufer sind schon verrutscht«, sagte er schuldbewußt.
»Das ist nicht weiter schlimm«, meinte Lavarcham.
»Ich bin sicher, daß dir unbehaglich dabei ist. Und wenn du auch die Hände gefaltet hältst, juckt es dich doch in den Fingerspitzen, die Läufer wieder geradezurücken. Tu dir keinen Zwang an, meine gute Freundin.«
»Wenn es der König gestattet«, rief sie erfreut, und nachdem sie ein paarmal hier und dort gezupft hatte, lag der Läufer wieder richtig.
»Du kannst dich setzen«, sagte der König, »und wo ist nun die Kleine, wegen der du aller Welt in den Ohren liegst?«
Lavarcham klatschte in die Hände und sagte zu der Dienerin, die auf der Türschwelle erschien: »Teil deiner Herrin, Deirdre, mit, daß sie hier gebraucht wird ... und daß du ihr aber nichts davon sagst, daß wir Besuch haben.«
Die Dienerin verschwand.
Conachúr schaute sie fragend an.
»Das Mädchen weiß nicht, daß ich komme?«
Lavarcham verzog die Lippen.
»Ich habe es ihr gegenüber nicht erwähnt.«
Der König, den Ellbogen auf dem Knie, betrachtete sie weiter spöttisch.

»Heißt das, daß du besonders bedacht oder sorglos verfahren bist, meine Freundin?«
»Besonders bedacht, Herr. Ich gehe immer mit Bedacht vor«, erwiderte sie.
»Aber«, fuhr er sanft fort, »wird sie nicht verschreckt werden, wenn ein Besucher sie anschauen kommt?«
»Ihr werdet sie ansehen können, wie man sie zu jeder Stunde des Tages anschauen kann, und ihr werdet derart erfahren, daß Lavarcham ihre Pflicht tut.«
»Du bist das Wunder von Emania«, sagte Conachúr. »Ich höre Schritte«, fuhr er fort, nahm den Ellbogen vom Knie, streckte ein langes Bein aus und wandte sich gegen die Tür.
Deirdre stürmte herein wie ein Wirbelwind aus Beinen und Gelächter, und als sie den mächtigen Mann sah, der sie anstarrte, blieb sie stehen, als sei sie von einer Wand aufgehalten worden, wirbelte herum und wollte wieder verschwinden, aber Lavarchams Stimme hielt sie zurück.
»Der König ist auf Besuch gekommen, mein Herzschlag«, sagte Lavarcham vorsichtig.
Das Blut klopfte in Deirdres Herz und an ihrer Stirn, für einen Augenblick schien ihr Körper erfüllt von Lärm und Blindheit, und im nächsten Moment war die Frau, die man so erzogen hatte, daß sie jeder Situation gewachsen war, wieder völlig Herrin der Lage. Deirdre trat heran, verbeugte sich, kniete vor dem König.
Er reichte ihr die Hand zum Kuß.
»Du kannst dich erheben, mein Rehkitz«, sagte der Monarch.
Sie erhob sich und stand mit niedergeschlagenen Augen da. Sie wagte es nicht, ihn anzusehen. Alles, was sie sah,

war ein mächtiges Bein, drapiert mit grüner Seide, von dem lange Quasten aus Gold herabhingen. Der König sah sie unverwandt an. Lavarcham betrachtete unverwandt den König.

»Geh jetzt, meine Liebe«, sagte Lavarcham, »und kümmere dich darum, daß dem König Erfrischungen gereicht werden.«

Wieder machte Deirdre eine tiefe Verbeugung und als sie aufstand, traf ein hastiger Blick nach oben Conachúrs Auge. Sie trippelte rasch rückwärts, starrte immer noch auf den König hin und verschwand mit offenem Mund und weitaufgerissenen Augen aus dem Raum.

Aber der König schaute zur Tür wie jemand, der eine Vision gehabt hat und mit jeder Faser versucht, wiederzuerschaffen, was da verschwunden ist.

»Hatte ich nicht recht, Herr?« sagte Lavarcham sanft.

»Sie ist ein knospender Zweig«, sagte Conachúr, »sie ist der schönste Apfel am Zweig.«

»Ich habe Euch ja gesagt, daß sie sehr schön ist«, rief ausgelassen und überschwenglich die Frau.

»Daß sie so schön ist, davon hast du nichts gesagt«, erwiderte er ernst, »das hast du mir verschwiegen.«

»Nein, Herr, ihr wolltet mir nur nicht glauben.«

»Das ließ sich nicht beschreiben«, gab der Monarch in Gedanken zu. »Wenn vom Flug der Schwalbe mit Worten die Rede sein könnte, von der Beschaffenheit des Schaums, wenn man vom Atem der Lilie berichten könnte, die Schönheit eines jungen Baumes an einem sonnigen Abhang schildern... dann würde man sie beschreiben können. Hast du schon einmal beobachtet, meine Freundin, wie die Sonne Ruhm und Wunder auf den

Himmel malt, wenn sie am Abend im Westen untergeht und mit welch edler Zärtlichkeit sie jeden Morgen wiederkehrt. Dieses Mädchen ist strahlend und zärtlich wie die Sonne, Lavarcham.«

»So ist es.«

»Sie ist neunmal schöner als der Kuckuck auf dem Zweig«, rief er, »ich gebe ihr den Vorzug vor allen Frauen der Welt, sie ist bemerkenswert, wohlgestaltet und wert, geliebt zu werden.«

»Dann wollt Ihr sie also heiraten«, sagte Lavarcham, »Ihr werdet doch meine Kleine nicht irgendeinem groben Burschen überantworten.«

Der König sprang wütend von seinem Stuhl auf.

»Sie ist für keinen Mann, außer für den König«, sagte er stürmisch, »sie wird meine einzige Frau sein, bis die Welt untergeht.«

NEUNZEHNTES KAPITEL

In zehn Sekunden waren die Läufer wieder aus ihrer Verankerung geraten, einige lagen verkehrt herum, alle in trauriger Schiefheit. Die Stühle bildeten nicht länger eine militärische Formation, sondern standen Sitz an Sitz, wie Paare, die miteinander tanzen wollen, andere in kummervoll nachlässiger Isolation eines Menschen, der seinem unhöflichen Partner nachschaut, welcher sich davongemacht hat. In diesem Wrack eines Frauenraums schritt Conachúr umher.

»Lavarcham«, rief er, »von diesem Tag werden sich große Taten in Irland herleiten.«

»Ja, mein lieber Herr.«

»Ich fühle mich um zwanzig Jahre jünger, als ich es vor einer Stunde war. Ich könnte springen wie ein junger Rehbock, Lavarcham.«

»Ja doch, mein lieber Herr«, stammelte sie.

»Die Dichter werden von diesem Tag an klüger singen in Irland, die Harfner werden süßere Musik machen, die Zauberer werden einen Zuwachs an Kraft verspüren, denn durch mich wird dieses Land besessen werden von Macht und Schönheit.«

»Ja doch , mein lieber Herr«, rief die Frau, die wie verwandelt war.

»Du sollst von nun an immer bei mir sein, Lavarcham.«

»Ach, mein Herr!«

»Ich werde dich an einen Recken verheiraten, und deine Nachkommen werden selbst in Gegenwart des Königs Platz behalten dürfen.«

»Nicht doch, ich werde knien, und all meine Saat wird knien im Haus meines lieben Herrn.«

»Setz dich, meine Seele. Laß uns reden. Lavarcham«, sagte er, »dieses Mädchen wird meine Frau.«

»Ich habe von diesem Tag geträumt«, murmelte sie.

»Du wußtest, daß ich sie heiraten würde?«

»Ich wußte, daß mein Herr immer nur das Beste wählt. Sie ist das Beste. Ich habe sie für meinen Herrn erzogen.«

»Sie ist das Beste«, räumte er ein, »sie ist besser als das Beste.«

»Der König wird sich seiner Braut niemals schämen müssen, noch ich mich ihrer Erziehung«, fuhr sie fort, »denn

alles, was eine Frau wissen muß, das hat sie gelernt.«
»So, so!« sagte Conachúr.
»Es gibt nichts bei Hofe oder auf dem Feld, was sie nicht verstünde. Es gibt keine Hausarbeit, die sie nicht meistert. Sie kann die Harfe spielen wie ein Meister. Sie kann Gedichte verfassen, als sei sie ein Barde.«
»Sehr schön, Lavarcham, aber all dies mag sie tun oder auch nicht, wie es ihr gefällt. Erzähl mir, wie sie ist. Von ihrer Art... von ihren Vorstellungen.«
»Sie ist lieblich und gehorsam wie ein zahmes Rehkitz, und sie ist wild wie ein wildes Rehkitz. Sie ist bedachtsam, was andere angeht, sie liebt Wissen, und sie fürchtet sich vor nichts.«
»Selbst ohne dies hätte sie die Haltung einer Königin.« Lavarcham nickte befriedigt mit dem Kopf.
»Aber es mangelt ihr an nichts, und sie ist eine Königin. In einer Woche, wenn sie sich erst an die Menge und den Hof gewöhnt haben wird, werden all die anderen dorthin zurücksinken, wohin sie gehören, sie aber wird auf ihrem Platz bleiben.«
»Ich glaube, so wird es sein. Aber«, und er erhob sich wieder, »du hast nichts über die Linie ihrer Wangen gesagt, Lavarcham.«
»Was sollte eine arme Frau auch darüber sagen«, rief sie ausgelassen.
»Ich sah ihren Hals, als sie sich über meine Hand beugte, und ich sah ihre beiden großen Haarflechten herabfallen, Lavarcham, das waren Wunder!«
»Ein jeder sieht mit dem ihm eigenen Blick, Herr.«
»Als sie aufstand, sah ich ihre Lippen, die meine Hand berührten. Und ich sah ihr in die Augen, als sie fortging.

Es gibt kein Ende in der Tiefe dieses Lichts, und ich könnte mir vorstellen, daß es sich verändert wie das tiefe Meer. Wenn sie zornig ist, müßte dieses Auge so... sein, und wenn sie lächelt wiederum anders, gleich und doch verschieden. Wenn sie lächelt, müssen wohl auch ihre Lippen mitlächeln. Wie verändern sich ihre Lippen, wenn sie lächelt, Lavarcham?«

»Dies sind Dinge, denen gegenüber Frauen blind sind, Herr. Nur Männer nehmen dererlei wahr. Du mußt deinen Dichtern sagen, sie sollen davon singen, denn das ist Männerrede, und keine Frau kennt sich damit aus.«

»Lavarcham!«

»Ja, Herr!«

»Ich nehme sie heute noch mit fort.«

»Herr!«

»Bring sie zum Haus des Roten Zweigs, wenn es Abend wird.«

»Herr!«

»Wenn es Abend wird, hast du gehört?«

»Das werde ich nicht tun.«

»Was willst du nicht tun, wenn ich befehle, Sklavin?«

»Ich werde nicht deine Königin entwürdigen.«

»Lavarcham...!«

»Niemand wird aus meiner Kleinen eine Buhle machen.«

»Sie wird in ein paar Stunden wieder zurücksein. Du kannst heute abend im Roten Zweig bei ihr sein. Sei nicht töricht.«

»Brächte ich sie, dann mit einem Messer in ihrem Busen.«

Conachúr lehnte sich im Stuhl zurück und dieses schreckliche Hinstarren wich aus seinem Gesicht.

»Wir werden Lavarcham an einen Recken verheiraten. Ich bin ungeduldig, mein Herz, aber Stärke und Sieg liegen immer bei dem, der sich beherrschen kann, und ich kann es... selbst, wenn ich dabei Qualen leide. Es sei, wie du sagst, Weib!«

»Es ist am besten so, Herr. Ihr werdet mir noch einmal danken.«

Er lächelte verkniffen.

»Lieber Herr«, fuhr sie ernst fort, »es müssen Vorkehrungen getroffen werden für die Hochzeit des Königs. Gäste müssen eingeladen werden aus den vier großen Provinzen Irlands. Dazu bedarf es wenigstens zweier Monate.«

»Ich gebe euch eine Woche, meine Freundin.«

»Eine Woche. O Herr!«

»Eine Frau liebt Schmuck, Überraschungen und Rituale, aber in einer Woche werden wir beide heiraten, und wenn es euch um die Zeremonien zu tun ist, die können von mir aus hinterher ein Jahr dauern.«

Lavarcham rang die Hände.

»Mein guter Herr...!«

»So wird es sein«, sagte der König.

Lavarcham saß da wie betäubt.

»In diesem Haus«, sagte er ungeduldig, »dauert es reichlich lange, bis einem eine Erfrischung gereicht wird, nach diesen Aufregungen wäre sie uns willkommen.«

»Sie steht bereit auf Abruf«, stammelte sie und klatschte in die Hände.

Deirdre erschien mit drei Dienerinnen, die silberne Tabletts trugen. Sie nahm eines und kniete nieder, um dem König anzubieten.

»Nicht doch«, rief er, »du sollst mithalten. Und Lavarcham soll uns aufwarten. Schick die anderen fort.«
Auf ein Zeichen von Lavarcham stellten die Dienerinnen die Tabletts auf den Tisch und zogen sich eingeschüchtert zurück.
»Probier aus diesem Becher, meine Strahlende«, sagte Conachúr, »und danach werde ich trinken.«
»A Rí Uasal!« stammelte Deirdre.
»Aller Vorrang wird von nun an dir gehören. Nennt man dich nicht jene, die Ärger gibt?«
»So ist es, Herr.«
»Du hast dem König Ärger bereitet, o Himmelsfrau. Sei nicht scheu und fürchte dich nicht vor mir, denn der König mag schrecklich zu allen sein, seine Königin muß ihn nicht fürchten. Trink aus meinem Becher, Königin.«
Deirdre blickte hastig zu Lavarcham hin, denn diese Unterhaltung hatte eine Wendung genommen, über die bei ihrer Erziehung nie die Rede gewesen war. Ihr Vormund saß verwirrt da, in einer Trance, in der sich Wohlwollen und Bewunderung mischten.
Sie trank aus dem Becher und mit einem kleinen Lächeln, in dem Entschuldigung und Furcht aufblitzten, gab sie ihn dem starr hinblickenden König zurück. Er nahm das Gefäß und zugleich ihre Hand.
»So habe ich es mir vorgestellt«, sagte er, »ich habe mir vorgestellt, wie diese dünne rote Lippe sich biegen und gegen den Becher pressen würde. Ich sah auch, wie sie sich abermals verändern und zurückbiegen würde! Die Dichter erzählen von solchen Wundern, wenn sie gut sind, aber ich kenne diese Dinge nun aus eigener Erfahrung besser als sie. Eines Tages, schönes Gebilde der

Herrlichkeit, wirst du für mich singen. Mein Harfner wird zuhören, sofern ich einen Gefährten dabei ertragen kann, denn ich werde deinen Anblick und deinen Gesang nicht einmal diesen Künstlern gönnen. Ich werde dein Haar anders frisiert sehen, und dann wieder so wie jetzt. Ich werde erleben wie du um mich bist... hier und dort. Tausende von harmonischen Bewegungen, die ich heilige und Tausende, von denen ich noch gar nichts weiß. Hab keine Furcht. O kleines Löckchen, du bist die, die ich liebe. Du wirst keine Trauer kennen, und nie wird dir etwas ermangeln, denn ich will dich mit meiner Liebe umgeben, wie die Luft die Schwingen des Falken umgibt. Du wirst diese düsteren Räume verlassen und diese schäbigen Felder, du wirst in der Bankettahalle des Roten Zweiges sitzen, du wirst Königin von Ulster sein, die Perle der Welt und die Gefährtin meines Herzens.«

Je länger dieser seltsame und mächtige Herr mit seinem monströsen Diskurs fortfuhr, desto mehr nahm Deirdres Bestürzung zu, aber er hielt ihre Hand, und sie wußte nicht, wie sie sie ihm entziehen sollte. Sie überlegte sich, daß es wohl nicht höflich sei zu lachen, obwohl ihr danach war, und sie wußte, daß es närrisch gewesen wäre zu weinen, obwohl sie so aufgeregt und erschreckt war, daß ein ganzer Ozean von Furchttränen gegen ihre Augen preßten.

»Lavarcham, meine liebe Mutter«, murmelte sie voller Kummer.

Und diese vorsichtige Klage fuhr Conachúr ins Herz wie ein Schwert der Herrlichkeit, so daß seine Seele erschüttert wurde, und er hätte weinen können vor Mitleid und Liebe.

»Kehr an deinen Stickrahmen zurück, mein Kind«, sagte Lavarcham, »ich komme später zu dir und werde dich auf alles vorbereiten.«
Deirdre stand auf und flüchtete. Sie erinnerte sich nur noch an ihre Verbeugung an der Tür.

ZWANZIGSTES KAPITEL

Lavarcham kam zu ihr wie versprochen und erzählte Deirdre für Stunden von den Freuden, die ihr bevorstanden.

»In einer Woche«, sagte sie, »wirst du von hier weggehen und unser Heim wird dann einsam sein. Aber obwohl der König dies ein düsteres Loch nannte und von unserem Anwesen als von einem schmutzigen Feld sprach, hatte er darin nicht recht. Ein Haus ist düster, wenn keine Kinder darin herumtollen und rufen, und dieses Haus wird düster sein, wenn du fort bist. Aber in jeder anderen Hinsicht wirst du keine sauberere und besser eingerichtete Wohnung in den Fünf Großen Fünfteln von Irland finden. Hör gut zu, mein Kind. Der König war aufgeregt und ungerecht. Ich werde ihm das sagen. Wenn du in Emania regierst, wirst du bald merken, wie schwierig es ist, in allen Dingen für Ordnung zu sorgen, ja, wie schwer es fällt, auch nur ein Zimmer sauber zu halten. Männer werden sich zu jeder Stunde des Tages und der Nacht in deinem Palast tummeln, und wenn Männer auch auf dem Feld wohnen können, machen sie doch im Haus nichts als Schmutz.

Du wirst viel zu tun bekommen und mußt auf vieles achten, meine verborgene Knospe. Aber vor allem mußt du dich an die Stammbäume Irlands und an die Rangfolge bei Hofe erinnern, wie ich sie dich gelehrt habe. Bei jedem Zweifelsfall frage besser mich als den Herold. Die Hauptursache für den Ärger im Land ist der Herold, denn er macht immer alles falsch, und selbst wenn er im Prinzip recht hat, hat er unrecht, was Fragen des Takts betrifft. Such nie den Rat einer anderen Frau in solchen Angelegenheiten... alle haben nichts anderes im Sinn als die Karriere ihrer Männer und damit ihre eigene; sie werden die Welt ruinieren, wenn du es dazu kommen läßt. Vergiß nicht, nach dem König ist der erste Mann im Land Fergus, der Sohn des Roy. Finde dich rasch bereit, ihm deinen Respekt zu erweisen, aber zögere eher, wenn es darum geht, sich zu ihm zu setzen und mit ihm zu reden, denn Conachúr liebt ihn nur scheinbar, in Wirklichkeit haßt er ihn aus tiefster Seele. Die erste Frau im Land ist die Ehefrau von Fergus, die Mutter des Königs. Sei gehorsam gegenüber Ness in allen Dingen. Achte immer darauf, daß du es ihr an Ehrerbietung nicht fehlen läßt. Küsse sie häufig. Aber nimm dich davor in acht, sie zu lieben, denn ihre Liebe ist unsicher wie die Pfote einer Katze, und wo sie zuschlägt, fließt Blut. Aber diese beiden sind nicht oft in Emania. Sie leben auf ihrer Burg, sehr ineinander verliebt, oder wie Conachúr sich einbildet, in Gedanken versunken.

Du wirst Findcheam, die Frau von Amargin dem Wundervollen, und Devorgilla, die Frau des Lugad von den Roten Streifen, Fedelm von dem Frohen Herzen, die Frau von Laeri dem Siegreichen, und Niab, die Tochter des Celtchar mac Uthecar, wie auch Brig Brethach, sein Weib, kennenlernen. Alles leichtsinnige Frauenzimmer! Sprühende Feuer und kratzende Katzen. Dann gibt es Lendubair, Conall Cearnachs Weib, und Findige, die Frau des Eogan mac Durthacht, und Fedelm von den Neuen Schatten, die Tochter des Königs. Sie und hundert andere wirst du treffen.

Sie haben alle hinter deinem Rücken von dir geredet: sie haben über dich mehr Lügen erzählt, als von jetzt an bis zu deinem Tod noch erzählt werden. Zuerst werden sie dir gefallen, denn einige sind gleichaltrig mit dir, und sie werden dir nach dem Mund reden und um dich herumspringen. Schenke ihnen soviel Aufmerksamkeit wie du magst, küsse sie, das haben sie gern – sie werden dich von morgens bis abends abküssen, mein kleiner Liebling –, aber schenke ihnen keinen Augenblick Vertrauen.

Der König wird eifrig auf dich einreden. Er wird dir wie ein Verrückter ins Ohr flüstern. Es wird nichts geben, was er dir in der Nacht nicht erzählt, wie geheim oder verborgen es auch ist, denn ein Mann, der verliebt ist, gibt der Frau, die er liebt, alles preis, was er hat; er würde dir auch seine Seele geben, wenn er wüßte, wie man das anstellt. Conochúr denkt dabei: wenn er dir all seine Geheimnisse erzählt, wird dich das veranlassen, ihm auch all deine Geheimnisse zu erzählen. So sind die Männer nun einmal. Aber was er dir erzählt, ist für keine anderen Ohren bestimmt. Du mußt wissen: was im Palast geflüstert wird, wird an der Boyne* laut ausgerufen. Mir

* Fluß, in dessen Tal Tara, einer der Mittelpunkte der altirischen Königreiche (Sitz des Großkönigs), lag.

kannst du alles sagen, denn ich bin anders; ich bin deine Amme, deine Mutter und deine einzige Freundin. Aber all den anderen darfst du auch nicht eine Silbe verraten. Wenn der König dir alles anvertraut hat, wird er dich bitten, auch ihm zu vertrauen: er wird dich auffordern, ihm alles zu sagen, was du je getan und gedacht hast... Wenn er dir von wilden Lustbarkeiten und wüsten Orgien erzählt, dann erzähl du ihm, wie du deine zahmen Rehe gefüttert hast; denn einen Mann – die Götter wissen, warum – entzückt es, sich vorzustellen, die Geliebte habe ein zahmes Reh im Tal, und er wird sich auf ewige Zeiten die Geschichte anhören, wie es gefüttert wird und welch dankbaren Blick es dann hat.

Du wirst viele Männer in diesem Palast treffen, und alle Edelleute, mit denen du sprichst, wird sich der König genau betrachten. Bis heute nimmt er die Frauen wahr, als seien sie eine Sonne, aber von nun an wird er die Männer wie eine Wunde wahrnehmen. Du wirst ihn nicht hinschauen sehen, aber er wird hinschauen. Und wenn du meinst, daß er dich nicht beobachtet, wird er dich gerade besonders intensiv beobachten. Ob es nun ein Hauptmann oder ein Haushofmeister ist, auf dem deine Augen gerade ruhen, er wird es wissen, zu wem du hinschaust, und danach wird er sich diese Person besonders genau betrachten, und er wird dich auf merkwürdige Weise über sie befragen. Jede Frage, die er dir je über einen Mann stellt, wird eine Falle sein. Antworte ihm sorglos und achte darauf, daß du überall dasselbe sagst.

Es ist angebracht, von allen Männern zu sagen, daß sie nett sind. Aber sage nie, einer sei netter als der andere. Das Labyrinth seines Bewußtseins hat kein Ende, und wenn du sagst, daß ein Mann häßlich ist und ein anderer Mann nicht, wird er von dieser Unterscheidung träumen, und du wirst schrecklich sein in seinem Traum. Mit einem träumenden Mann hat es etwas Magisches auf sich, denn er wird dafür sorgen, daß der Traum wahr wird, was immer du willst oder wünschst, und Conachúr ist in einem Alter, um solche Träume zu haben.

Sei sanft und halte ihn immer im Ungewissen. Sei wild und sei keusch. Wie sehr er dich auch darum bittet, sei nie zu vertraut mit ihm. Bei Liebkosungen mußt du rasch abwinken, denn in der Lebensmitte mag es ein Mann nicht, wenn er als erster dessen überdrüssig wird. Tanze oft, aber mach keine Luftsprünge dabei. Sei mädchenhaft, aber nicht kindisch. Zupfe ihn nicht an seinem Bart und kitzele ihn nicht. Setz dich nicht so häufig auf seine Knie. Nur alte Männer lieben kindische Einfälle, aber er ist noch fünfzehn Jahre zu jung dazu.

Besprich mit ihm, was du anziehst und welchen Schmuck du anlegen willst. Frag ihn um Rat wegen der Rüschen; er wird lachen und dich schelten, aber er wird dich darum lieben. Wenn er anderen Frauen nachstellt, laß ihn ein bißchen zappeln, mach hin und wieder eine Szene, aber beeil dich nicht damit. Er hat alle Wünsche schon einmal durchlebt.

Er wird nur dich lieben, und jeden Tag wird er dich mehr lieben. Er wird es sein, der Ängste empfindet; er wird die Männer fürchten. Und in diesem Punkt mußt du beständig aufpassen, denn du darfst den König nicht einmal durch eine nebensächliche Gedankenlosigkeit verletzen. An Majestät und Weisheit kommt niemand in Irland ihm gleich. Er ist ein großer König, ein großer Mann, ein königlicher Held. Ach, mein Lämmchen, alles Glück und edles Geschick ist dir zuteil geworden, du solltest für immer dem König auf Knien danken und auch deiner armen Lavarcham, die dieses Glück für dich plante.«

EINUNDZWANZIGSTES KAPITEL

Und Conachúr lebte auf, als er heimwärts fuhr. Er sah nicht das ergebene Volk, das das Maul aufriß und ihn anstarrte, als er an ihm vorbeiraste, noch sah er jene anderen, die in strikter Aufmerksamkeit dastanden und sich wunderten, daß der König ihren Gruß nicht erwiderte. Seine Füße kamen ihm so leicht vor, daß er am liebsten mit einem Satz in den Streitwagen gesprungen wäre, aber sein Herz war ihm noch leichter. Es flog in sein Hirn und blieb dort, leuchtend wie eine Seifenblase, schöpferisch wie ein Mond; es lud seinen Sinn mit der eigenen Essenz auf, so daß alles Gegenständliche in einem Aufblitzen zu Geist verschmolz. Die Erde war gesegnet mit Überfluß und schimmerte von Farben und durchsichtigen Gegenständen; eine Aura von Gold und Grün lag über den Kämmen der vielen Hügel. Die zärtlichen Übersteigerungen eines Liedes, das kein Vogel sang, erklangen, denn alle Lieder verschmolzen mit dem der lyrischen Erde, der Wolken und der leuchtenden Räume dazwischen. Die Welt sang für Conachúr, und er war Gesang. Denn in der Klarsichtigkeit des Liebenden nimmt das Unsichtbare eine süße Gestalt an. Eine neue Welt erhob sich weich aus der alten: man hatte immer gewußt, daß es sie geben würde, aber jetzt hatte sie so göttliche Abstufungen, daß man sich in sie verlieren und über sie jubeln konnte. Der Schöpfer wurde sichtbar in seiner Schöpfung und in jedem von uns. Wir sind es, und sind alles; wir sind die Seele der Welt und unsere eigene Seele; wir sind die Sieger, denn wir sind fern von Furcht; wir sind die Herren, denn wir sind jenseits jeglichen Verlangens.

Wie könnten Furcht oder Lust bis zu jenen Höhen dringen, zu denen wir aufgestiegen sind! Der bitter dreinschauende Bettler, der mit seiner hölzernen Schale klappert, mag unseren Geldbeutel haben, wir schütteln ihm auch noch die Hand. Deine hinfällige Anatomie, die wankt und lahmt – wir schenken ihr unsere eigene Gesundheit, wenn gerade nichts anderes zur Hand ist, denn alles ist nun leicht und sanft, und es bedarf nur eines Runzelns der Braue, und das Land, nach dem es das Herz verlangt, entsteht.

So fuhr Conachúr dahin, träumend; der Schöpfer einer Welt, die seinem Wünschen entsprang.

Bis zu dieser Stunde hatte er bei allem, was er unternahm, triumphiert. Aber er war ohne Freund gewesen, hatte allein wie aus Granit all das herausgeschlagen, wonach sein Wille verlangte; in jedem Augenblick hatte er den Rigorismus des Lebens und die Unlenkbarkeit der Ereignisse gespürt. Er sah ein, daß nichts, was er bisher getan hatte, so vollständig war, daß er es hätte vergessen können. Hier hatte ein Ereignis am Ende Unzufriedenheit hinterlassen, dort war ein Feind geblieben. Aber von nun an würde sein Werk die saubere Vollkommenheit

des Frühlings haben, alles, was er gepflanzt hatte, würde von nun an aus der Wurzel erwachsen.
Er würde doppelte Kraft besitzen; jene eigene titanische, und die ihre, die in ihm atmete wie ein Elixier, die ihn erregte, ihn stärkte. Sie war... was war sie ihm nicht! Sie war sein Morgen, sie war sein alles und seine letzte Chance. Sie war seine Zukunft, sie belebte all das in ihm, was schal geworden war; durch sie taten sich Horizonte auf dort, wo bisher ein äußerstes Ende zu sein schien. Denn irgendwann einmal kommt das Ende für jeden Menschen, dann gibt es nichts mehr, wonach es sich zu streben lohnt, nichts, worin sich eine Hoffnung gründet; Energie entwindet sich dem Gedanken an jede Aufgabe, und die Zukunft verlängert nur die Gegenwart als etwas unerträglich Mühsames.
Als Maeve ihn verließ, war Conachúr in diesen Zustand geraten. Das Leben war für ihn zum Stillstand gekommen oder bewegte sich um immer das gleiche, um etwas, das sein wirbelndes Bewußtsein quälte. Aber jetzt konnte er sie vergessen und neu anfangen, denn wenn er auf Deirdre sah, fuhr sie ihm in sein Blut und in seine Knochen, und von ihr getrennt zu sein war etwa so, als habe man ihn von seinen eigenen Waffen oder von seinem Kopf getrennt.
Er war ungeduldig und wünschte, alle sollten es wissen, mit einem Jauchzer: seine gloriose Neuigkeit, und doch wollte er mit niemandem darüber sprechen. Er wußte, daß er es Lavarcham überlassen konnte, das Ereignis publik zu machen, und daß man, bis der Abend hereinbrach, in jedem Haus im Umkreis von dreißig Meilen über die Hochzeit des Königs sprechen würde.

Auf jeder Straße, die von Emain Macha fortführte, würden Botschafter auf raschen Streitwagen unterwegs sein, um die Neuigkeit auszustreuen und jene einzuladen, die für wert befunden wurden, an dem Hochzeitsfest teilzunehmen. Sie würden sich nirgends länger als ein paar Minuten aufhalten; ihre Pferde würden sie in den Gasthäusern wechseln und dann weitersprengen... bis tief nach Connacht im Westen hinein, andere ostwärts nach Leinster, und wieder andere, sich noch mehr beeilend, in den langgezogenen Mittelpunkt von Irland, zu den beiden Munsters. Jene in der Ferne wohnenden Könige und Prinzen mochten sich vielleicht durch eine so kurze Nachricht beleidigt fühlen, oder durch eine Nachricht, die sie erst nach dem Ereignis erreichte. Aber sein Hochzeitsfest sollte drei Monate andauern, und alle sollten an dem Vergnügen und der Kurzweil teilnehmen. In diesem Augenblick, sofern Lavarcham ihre Pflicht tat (und freilich würde sie nicht müßig sein), würden die Stallknechte schon die großen Wagen hervorholen und die schnaubenden Pferde einspannen.
Morgen würde ein ganz neuer Tag sein.
Jeder, der den König beobachtete, würde nach etwas Neuem forschen. Manch einer würde seine Reserviertheit ablegen, Barrieren könnten fallen, denn man sieht anders auf einen König, wenn er verliebt ist, und man versucht, in seinem Glück mit zu baden.
Die Männer würden ihn scheu und verlegen betrachten, jeder Blick ein Glückwunsch und ein Verweis auf seinen Zustand. Während er unter ihnen stand, würden er und sie lachen, ohne daß ein Wort fiele, sie würden viel vertrauter mit ihm sein als sie es sonst zu sein wagten. Und

wenn einer sich herausnehmen sollte, ihm auf die Schulter zu klopfen, würde Conachúr diesem Burschen auch auf die Schulter klopfen.

Die Frauen würden ihn offener ansehen, weicher und nachdenklicher, jede würde ihm schweigend versichern, daß alles, was nun käme, gut sein werde. Jede würde ausdrücken, daß die Frau für den Mann bewahrt, was kein Mann verschenken kann. Jede würde ihm zu verstehen geben, daß, da er nun eine Frau liebe, er alle lieben müsse, daß Frauen wirklich liebenswert seien, das Kostbarste unter allen kostbaren Dingen. Er würde erfahren, daß eine jede ihn zu berühren wünschte, damit er wisse, daß sie alle wahrhaftig eine Frau seien, und damit nicht so sehr verschieden von jener, die ihm so sehr gefiel. Und er würde wahrnehmen, wie sie sich von ihm abwandten, unterwürfig und etwas verletzt, in anderen Augen nach jenen Bestätigungen forschend, die er ihnen nicht geben durfte.

Denn wenn der König verliebt ist, wird die Welt verrückt, und alle, die ihn lieben, müssen einander wohlwollen, oder sie werden von unterdrückter Loyalität und Bewunderung krank.

In den nächsten Wochen würde sich in Ulster eine Orgie abspielen. Der Mann, der die Heirat gemieden hatte wie die Pest, würde sich in die Ehe stürzen. Jene, die darum gefleht oder sich gefürchtet hatten, würden plötzlich eines Morgens feststellen, daß sie verheiratet waren. Die Jungfrauen würden wagemutig und die Männer scheu werden. Einer, der keusch im Mondlicht spazieren ging, würde seine Unschuld hingeben, und der Mond und ein Mann würden dafür belohnt werden, daß sie des nachts

unterwegs waren. Eine, die da stand und sprach, würde plötzlich ihren Lippen einen solchen Ausdruck verleihen, der einen Mann, der das mit ansah, blind werden ließ, und er würde es bleiben, bis der Mond in sein letztes Viertel kam. Eine Welle ausgelassener Fröhlichkeit und Keckheit würde vom König ausgehen, und noch der letzte Weiler in seinem Königreich würde davon erfaßt werden; denn wenn auch der Krieg glorreich ist, ist der Tod doch sein Herrscher und sein Gefährte; aber aus der Liebe fließt Leben, und alles, was lieblich ist.
Und als sich sein Herz so erhob, wußte Conachúr, daß er für sein Volk das Leben war, denn er war ein König und ein Liebender und alles kreiste um ihn, wie die Welt um die Sonne.

ZWEIUNDZWANZIGSTES KAPITEL

Für Deirdre aber begann eine Nacht, an die sie sich bis ans Ende ihrer Tage am liebsten nicht mehr erinnerte.
Endlich hatte sie den König gesehen: jenes Wesen, halb Erinnerung und Traum, halb Monster und halb Baby, als das sie sich ihn nach Lavarchams endlosen Geschichten vorgestellt hatte. Sie hatte eine finstere Braue erblickt, die noch finsteren Augen, das buschige, rotgelbe Haar, das um seinen Schädel stand, und den gelben Bart, gespalten in der Mitte und herabhängend in zwei Strähnen bis auf die Brust. Sie hatte sich nicht vorgestellt, daß ein Mann so gewaltig, so

standfest und so herrschaftlich aussehen könne. Er war ein Wesen, zu dem man hätte beten, oder für das man hätte freudig sterben können. Wenn ein Herrscher aus dem Feenreich herübergekommen wäre, er hätte gewiß ausgesehen wie Conachúr: massig und berückend und wundervoll, mit einem Blick, der einen die Augen zusammenkneifen ließ, als schaue man in die Sonne, mit einer Stimme, die daherkam und einen erstaunte, wie das Geräusch einer Trommel, die geschlagen wird. Sie erinnerte sich an seine Hand, in die ihre beiden Hände mit Leichtigkeit paßten, an das Gebirge seiner Schultern. Und dieses schreckerregende Wesen verlangte sie zur Frau.

Nichts als Schrecken erfüllte ihr Herz bei dieser Aussicht, denn sie konnte sich nicht vorstellen, mit ihm in irgendeiner Weise vertraulich oder liebevoll umzugehen. Er war und blieb fern wie die Vorstellungen ihrer Kindheit, und die bloße Nähe ließ ihn nicht gegenwärtig werden. Und er war so unberechenbar wie die Elemente, die heute lächeln und morgen in einem Wirbelsturm wüten. Welche Frau konnte ihn in seinen Einzelheiten und als Ganzes berechnen? Er war wie ein Gott, der aus den Bergen hervortritt, um zu erstaunen und zu erschrecken. Und dann war da Naoise. Als sie sich an den geliebten Namen erinnerte, schlug ihr das Herz bis zum Hals, und sie saß da wütend und verschreckt. Es war nicht die Tatsache, daß er um sie betrogen werden würde – die Trauer darüber würde er mit sich allein abmachen müssen –, sondern, daß sie um ihn betrogen wurde, und dies sich vorzustellen reichte aus, um sie in eine so üble Stimmung zu versetzen, denn wenn es ihn nicht gab, was gab es dann überhaupt für sie? Ihre Hände wurden kalt und ihr Mund trocken, als sie an diese Aussicht dachte.

Diese Jugend, die ihr gehörte! Wer war es, der keinen Schrecken für sie bedeutete? Wer war es, der ihr an Jahren und Fröhlichkeit gleich war? Sie konnte mit ihm lachen und über ihn lachen. Sie konnte ihn ausschimpfen und ihn lieben. Sie konnte ihm geben und versagen. Sie konnte seine Mutter sein wie auch seine Frau. Sie konnte ihn ärgern und ihm vergeben. Denn zwischen ihnen bestand eine solche Gleichheit der Zeit und der Rechte, daß keiner von ihnen von Herrschaft über den anderen auch nur träumen konnte oder Unmut über den anderen empfand. Er war ihr Geliebter, ihr Kamerad, das rote Zentrum in ihrem Herzen und die Wahl ihrer Wahl.

Deirdre sprang aus dem Bett, aber sie konnte nicht aus ihren Gedanken springen. Sie konnte nicht durch die verrückten labyrinthhaften Korridore des Hauses zu ihm fliehen, denn der aufgeregte Haushalt klapperte und plapperte auf den Gängen, und ihm konnte sie so wenig entkommen wie ein Vogel seinem Käfig.

Erst nach zwei Nächten konnte sie es wagen, über die Mauer zu steigen; und in den Tagen, die dazwischenlagen, mußte sie Lavarchams endlose Warnungen und Ratschläge anhören.

Tu dies, aber bei deinem Leben, tu das nicht. Erinnere dich immer daran, vergiß nicht dieses und jenes. Da war so vieles, woran sie sich erinnern sollte, es war wie eine Litanei. Deirdre sah Lavarcham manchmal mit einem so glanzlosen Blick an, dann wieder so kummervoll oder wild, daß sich die gute Frau nur wundern konnte.

»Hab keine Angst, mein kleines Schaf«, beruhigte sie

Lavarcham, »du hast allen Grund zur Freude und mußt dich nicht fürchten. In drei Tagen wirst du die am meisten beneidete Frau in ganz Ulster, in vier Tagen die glücklichste sein. Sag Lavarcham, was dich bedrückt und was dich ängstigt.«

»Ich fürchte mich vor dem König«, sagte Deirdre.

»Das wird vorbeigehen«, sagte Lavarcham, »in ein paar Tagen wirst du dich wundern, daß du Furcht gehabt hast. Aber ein Mädchen ist ein Mädchen: alles, woran sie denkt, wovon sie träumt, beruht auf Unerfahrenheit, hat nichts zu tun mit der Wirklichkeit. Die Welt schüttet Dinge in den Schoß eines jungen Mädchens, ungeachtet dessen, was es wünscht oder fürchtet; denn kein Mensch kann hoffen oder fürchten, bis er wirklich weiß, was hoffnungsvoll und was furchterregend ist. Alles, was du tun mußt, ist, hinzunehmen, wozu dein Herz ja sagt, und was dein Herz zurückweist, das wirf fort. Du hast allen Grund zur Hoffnung und keinen, um dich zu fürchten.«

Aber endlich kam dann doch ihre Chance.

Sie traf die Söhne Uisneac noch in ihrem Lager, alle drei schwiegen. Sie schwiegen nicht nur, sie waren beschämt und erregt.

»Was ist?« murmelte Deirdre, die Verlegenheit spürend.

»Man hat uns zu deiner Hochzeit eingeladen«, sagte Naoise scheu. Der milde Tonfall seiner Stimme fuhr ihr ins Herz wie ein Schwert. Sie konnte einfach nicht zu ihm reden und wandte sich deshalb an seinen Bruder.

»Was sollen wir nur tun, lieber Ainnle?« fragte sie.

Von ihm kam keine Antwort. Es war der Jüngste, der zunächst etwas erwiderte.

»Laßt uns alle fortrennen«, rief Ardan, und sein Gesicht wurde plötzlich rot. Seine Begierde leuchtete wie Sterne. Naoise sah Deirdre unter seinen Brauen hervor an.

»Wohin sollen wir vor dem König davonrennen?« brummte Ainnle ungeduldig.

»Wir sind nicht aus einem Stamm, der davonrennt«, sagte Naoise.

Schweigen breitete sich aus. Aber diese Feststellung über seine eigene Qualität hatte eine Tür gegen die Bitternis in Naoises Herzen aufgestoßen.

»Auch wird es nicht leicht sein, ein Mädchen zu finden, das vor einem Königreich davonrennt«, fuhr er fort, als wolle er seine jüngeren Brüder auffordern, ihm einen vernünftigen Rat zu geben.

Deirdre sah ihn ernst und liebend an.

»Ich würde mit dir fortlaufen«, sagte sie.

»Der König...!« seufzte Naoise.

»Ich habe keine Angst vor diesem König«, flüsterte sie dringlich.

Aber ihr Geliebter stand bleich und verschreckt da. Es würde einen Affront bedeuten, wie er nie einem König in Irland angetan worden war, eine Grausamkeit, eine schreckliche Tat. Er wandte sich an seine Brüder. »Der König ist unser Onkel«, sagte er.

»Ja«, bestätigte Ainnle, »er liebt uns mehr als seine eigenen Söhne.«

»Nur noch Cúchulinn liebt er mehr auf der Welt als uns«, sagte Ardan.

»Und er liebt mich«, sagte Deirdre.

Naoise sprang auf.

»O Götter des Tages und der Nacht!« rief er.

Er schien Deirdre anzuflehen, sie möge doch Verständnis haben, Mitleid.

»Conachúr hat mich großgezogen wie seinen eigenen Sohn: ich saß auf seinem Schoß; er war es, der mir mit eigener Hand das Schwert umgürtete, er legte seine beiden Hände auf meine Schultern, als ich meine erste Waffe gewann, er küßte mich dreimal auf jede Wange. Ich liebe und bewundere ihn.«

Wieder breitete sich Schweigen zwischen ihnen aus.

»Dann sollte ich wohl heimgehen zu Lavarcham«, sagte Deirdre.

Die Jungen sahen erst sie an, dann einander, und dann blickten sie auf den Boden und wußten nicht mehr, wo sie überhaupt noch hinsehen sollten.

»Auch ich werde nun von dem Sohn der Ness erhoben werden«, sagte sie sanft. »Auch ich werde auf seinem Schoß sitzen. Er wird mir kein Schwert umlegen, sondern er wird mit seinen eigenen Händen meinen Gürtel öffnen, er wird seine beiden Hände auf meine Schultern legen, er wird mich viele Male auf jede Wange küssen.«

Naoise schlug sich mit der Faust gegen die Stirn.

»Ich bin ein Mann des Königs«, stammelte er.

Aber sie sah ihn mit einem flüchtigen Lächeln an, ihre Lippen zitterten. »Soll ich dem König erzählen, wie wir Nacht für Nacht uns unter den Bäumen liebten, oder wäre es besser, wenn dies ein Geheimnis unter uns vieren bliebe? Man sagt ja, Männer könnten Geheimnisse bewahren.«

Die beiden Burschen erröteten heftig und wandten sich ab. Naoise wirkte wie jemand, der dem Leben entsagt hat.

»Da ist nichts zu machen«, sagte er mit trockenem Mund. Er zuckte die Achseln, als könne er so die Verantwortung abschütteln.

»Morgen abend um diese Stunde warten wir mit den Wagen dort unter den Bäumen«, sagte er. »Und wenn die Stunde vergeht und du nicht kommst, werden wir die Wachen angreifen und dich herausholen.«

Er wandte sich an die anderen. »Ihr müßt mit uns kommen, wohin immer wir gehen, meine Brüder, denn wenn der König herausfindet, daß ich fort bin, wird er euch beide erschlagen.«

»Mich würde er nicht töten«, prahlte Ardan, »ich würde mich nicht von ihm töten lassen.«

»Niemand außer Cúchulinn könnte dich töten«, sagte Ainnle rauh.

»Du jedenfalls nicht«, gab der Jüngste zurück.

»Die kleine prahlende Säule in der Schlacht!« neckte ihn sein Bruder.

»Ha! Die Schlachtfackel der Gälen!« Und unter so schrecklichen Scherzen trafen sie ihre restlichen Vorkehrungen.

DREIUNDZWANZIGSTES KAPITEL

Lavarcham stahl sich aus der Gegenwart des Königs. Sie stahl sich hinweg, gebeugt, blind, benommen, sie stolperte mal in diese, mal in jene Richtung, nicht wissend, warum sie ging, oder wohin. Hunderte von Gedanken, die wütend um ihr Vorrecht kämpften, machten sie gedankenlos; hundert Bilder, ein jedes nach einem Platz und nach Beachtung verlangend, stießen sie in Blindheit. Sie war in einem Getöse, Wirbel und Strudel, als ob Winde stürmisch durch ihr Hirn rasten und auf Gegenwinde stießen. Manchmal erinnerte sie sich daran, daß sie gar nicht dort gehen wollte, wo sie ging. Dann warf sie sich wütend herum und lief eigensinnig einen anderen Weg; ein andermal entdeckte sie wieder, daß sie stand, still und gesammelt wie ein Stein, ein Nichts, das ins Nichts starrte. Seufzer brachen aus ihrem elenden Herzen hervor, sie war so durchgeschüttelt von einem trokkenen Schluchzen, daß sich ihre Knochen vom Fleisch zu trennen und auseinanderzubrechen schienen: und wieder, als sie mit ihren beiden Händen an ihren Mund griff, preßte sie einen Schwall Schreie in sich zurück und hörte zu ihrem Erstaunen, wie ein dünnes Klagen sich seinen Weg durch die Zwischenräume ihrer verbogenen Finger erzwang. Die vorsichtige Frau schaute und lauerte, ob jemand sie beobachtete, und ehe sie sich noch ganz umgesehen hatte, hatte sie auch schon wieder vergessen, was sie suchte, und dachte, daß *sie* von hier aus nicht gesehen werden könnten, denn sie hatten Stunden Vorsprung und waren unterdessen... ja wo, ja wo denn? Mit einer

unglaublichen Angst war die Entdeckung der Flucht über sie hereingebrochen. Sie war durch die Zimmer und über die Gärten gelaufen, keuchend, hatte gerufen...
»Deirdre, Deirdre, Deirdre?«
Sie hatte nach ihrer Kleinen in einem Arbeitskorb gesucht oder auf dem flachen Fußboden, während die Dienerinnen kicherten und quietschten, sich über sie lustig machten und schadenfroh lachten. Mit eisernem Schauder kam der Gedanke an Conachúr über sie, einsam und unberechenbar wie der Donner, der seinem heulenden Bruder auf den Fersen folgt.
Sie mußte es ihm sagen. Und bei diesem Gedanken steckte sie die Nase in die Luft wie ein Hund, der den Mond anheult, bis die Hexen in die Ecken geflohen sind, wie das auch die Mäuse tun, wenn man ihnen Angst einjagt. Sie ging zu Conachúr. Sie stand murmelnd und mit starren Augen vor der Tür, trottete dann herein, raunte ihm zu: »Sie ist fort.«
Und Conachúr, wie ein Echo, unter verständnislosem Staunen, erwiderte: »Sie ist fort.«
Lavarcham starrte in das Gesicht des Königs, das aus dem Granit von Spannung und Erstaunen herausgemeißelt worden schien.
»Sie ist fort, die kleine Deirdre ist fort«, gellte sie, fuhr mit ihren dünnen Fingern durch die Luft, als ließe sie damit Deirdre los. Sie schlug ihre Hände mit einem schrecklichen Kichern zusammen, bewegte ihre Arme an ihren Hüften wie eine linkische Krähe, die, von Met betrunken, umhertanzt.
»Wenn ein Mädchen geht, geht ein Mann mit ihr«, krächzte sie. Sie sprang zur Tür, hopste hinaus, kam

noch einmal zurück und schrie: »Sie ist fort. Sie ist fort. Sie ist mit einem Mann davongelaufen.«
Sie wackelte wieder auf die Tür zu, nickte und kicherte gegen den König hin, ehe sie verschwand.
Die Diener und Wachen hörten mit starr aufgerissenen Augen und offenen Mündern zu. Sie hatten vergessen zu atmen.
Ein Flüstern, ein schriller Laut, eine schreckliche Verkrampfung der Herzen flog durch den weiten Palast und schoß im Zickzack wie ein Wildfeuer durch Ulster. Und im Zentrum von alledem stand Conachúr, allein, die Fäuste geballt, die Augen geschlossen; er horchte auf das Flüstern, das ganz nah war und zugleich Hunderte von Meilen entfernt. Ein Flüstern in ihm, unter ihm, über ihm; er spürte, wie er erbleichte, wie seine Knochen weich wurden; er horchte in wütender Neugierde, in einem Leid, das weder beschrieben noch nachvollzogen werden kann; er versuchte, mit großer Anstrengung all die Bitternis zu versammeln, sie herunterzuwürgen, um aufzuwachen aus all dem, was war und bis zum Weltenende sein würde.

ZWEITES BUCH

ERSTES KAPITEL

Die Zeit fliegt, sie streut auf alles, das uns wichtig scheint, die Asche des Vergessens und preßt Erinnerung in Erinnerung, so daß die Szene, an die wir denken, nicht länger jene Form und jene Farbe hat, mit der sie uns einst erschien. Allen Menschen, außer den Träumern, verfliegt die Zeit. Aber sie kann Beständigkeit für den annehmen, der in der Nacht alles, was er am Morgen dem Vergessen überantwortet, wieder zu erschaffen vermag. Sein trauriges Gestern wird gegenwärtig bleiben für alle Zeit, denn nichts von dem, was ihm zustößt, wird rosten oder vergehen. Man kann ihn über einem Wort zusammenzucken sehen, das für seine Zeitgenossen die Bedeutung verloren hat.

Die sieben Jahre, die vergangen waren, hatten Conachúr nicht berührt. Er war immer noch ein mächtiger König und ein unermüdlicher Gesetzgeber. Er war immer noch das Idol seines Volkes. Wie würde ein Bankett im Haus des Roten Zweiges aussehen, wenn der König fort war? Er war aber nie fort, und wann immer es Musik, Späße oder Gelächter gab, verlangte der Sohn der Ness mehr davon, war begierig darauf, wenn seine jüngeren Gefährten sich schon langweilten. Weder Zeit noch Gedanke vermochten seiner körperlichen und geistigen Energie etwas anzuhaben. Unglück mochte auf ihn einschlagen, er zeigte so wenig Wirkung wie das Eichenholz von Emania angesichts der Winde, die es umtosten.

Wer energisch und selbstgenügsam ist, ist gewöhnlich auch glücklich; aber wo auch nur ein Wunsch übrig bleibt, stellt sich das wahre Glück des Herzens nicht ein. Denn zu wünschen heißt zugleich unvollständig zu sein: es ist das Zeichen von Abhängigkeit, das Signal des Unglücks. Davon befreit zu sein aber bedeutet, frei zu sein von jeder Fessel, die sich denken läßt. Der Mensch wird zum Gott, wenn er Zufriedenheit in sich selbst findet, aber seine Träume sind dann anderer Art als jene, die Conachúr so jagten wie eine Koppel Hunde, die den Fuchs jagt.

Denn Ulster mochte vergessen; jene, die nicht beleidigt worden waren, mochten vergeben; er aber würde nicht vergessen noch vergeben, bis er so tot war wie jene, gegen die seine Gedanken sich richteten wie die Spitze eines geheimen Speers.

Deirdre und die Söhne von Uisneac waren nach Schottland geflohen, wo sie Verwandte und Bekannte hatten, die mit ihnen in Emain Macha als Ziehkinder von den schottischen Höfen oder als Kriegsherren und Hauptleute in Conachúrs Söldnerheeren aufgewachsen waren. Sie könnten Cúchulinn dort getroffen haben, denn gerade zu dieser Zeit ging er bei der Kriegerin und Hexe Scatach in die Lehre; und wenn dem so war, so trafen sie bestimmt auch seinen Kameraden Ferdiad, der später die Furt angriff... und mit welcher Tapferkeit! Es mag auch sein, daß während ihres Exils Cúchulinn sich in Scatachs Tochter verliebte, und daß eben jenes Kind, das ihnen geboren wurde, später dann jenen traurigen Streich auf Bailes' Strand empfing.

Es ist von der Vorsehung klug eingerichtet, daß niemand dasselbe Gericht länger als eine Woche essen kann, noch, daß er länger als eine Woche über dasselbe Thema zu sprechen vermag; somit: nachdem die erste Zeit aufgeregter Gespräche vorüber war, redete in Ulster niemand mehr vom Mißgeschick des Königs, allenfalls durchreisende Geschichtsschreiber. Ein solcher Geschichtsschreiber hätte zu hören bekommen, daß Deirdre groß und klein war, daß sie dunkles und blondes und farbloses Haar gehabt habe: denn alle Frauen, die er danach gefragt hätte, würden der Versuchung nicht haben widerstehen können, der Heldin ihr eigenes Aussehen zu geben und, gleichgültig, ob sie ihr Verhalten nun entschuldigten oder mißbilligten, sie hätten sie mit jenen moralischen Eigenschaften ausgestattet, die ihnen am besten gefielen – nämlich mit ihren eigenen. Lavarcham hätte die Wahrheit erzählen können, desgleichen Conachúr. Aber genau sie wurden über einige Jahre hin nicht befragt.

Der König hatte die ganze Angelegenheit von Anfang an verdrängt. Am Tag zog er auf die Jagd, am Abend feierte er. Am nächsten Tag besuchte er seine ausländischen Truppen, den Tag darauf fuhr er zu den Befestigungen am Paß der Wenigen und einem Abschnitt am Wall des Schwarzen Schweines auf der anderen Seite. Es gab eine Jungmannschaft, die man inspizieren konnte. Er konnte sich ihre Wettkämpfe ansehen. Es gab endlose Zeremonien am Hof, Betätigungsmöglichkeiten auf dem Richterstuhl. Gesandtschaften aus allen Teilen seines Reiches und von Übersee kamen. Geschenke wurden überreicht, Gegengeschenke gemacht; Ratsversammlungen mußten einberufen, Experten zu dieser oder jener Frage angehört werden. Es gab eine unendliche Vielzahl von Beschäftigungen für den König, der, obwohl er einen Arbeitstag von achtzehn Stunden hatte, dann immer noch über die-

ses oder jenes nachdenken konnte, ehe er einschlief.
Cúchulinn und Conall Cearnach waren gleichberechtigte Könige, hatten aber (Lavarcham hatte dabei nachgeholfen) ihre Machtbefugnisse an Conachúr abgetreten, der sich nun Kaiser von Ulster nannte und auch als solcher anerkannt wurde.
In welcher Beziehung er zum Hochkönig von Irland stand, wissen wir nicht, aber es mag Teil seines Trachtens gewesen sein, diese Würde für sich zu erlangen. Ein Prinz aus Connacht war damals und für die folgenden tausend Jahre Hochkönig von Irland, und obwohl die Auseinandersetzungen zwischen Connacht und Ulster um die Vormachtstellung in Vergessenheit geraten sind, hatten doch jene bitteren Kriege längere Auswirkungen als ein Geschichtsschreiber sie zu erwähnen wagte.
Was Ulster anging, so konnte der König beruhigt sein. Seine Ehre war so sicher wie sein Königreich, und was die anderen Akteure in diesem Drama anging, so waren sie so sanft und so jung, daß kein Anflug von Häßlichkeit oder Verrat in der Geschichte vorhanden war oder im Bewußtsein der Person, die sie zu hören bekam. Man hätte nach einer Weile von einer bedauerlichen Entgleisung unter jungen Leuten reden können, und zwar von einer, an die sich der König selbst nicht mehr hätte zu erinnern brauchen.
Aber der König erinnerte sich. Es war, um solcher Erinnerung zu entgehen, daß er sich in Geschäfte und Bankette stürzte, in all diese belastenden Anstrengungen, die einen anderen Mann völlig zerstört hätten. Er verlängerte seinen Arbeitstag so weit, bis er vor Müdigkeit nicht mehr konnte, und dann ging er zu Bett. Nein, er

ging in Deirdres Bett, in dem Naoise schlief, das war es, worüber er schlaflos nachdachte, obwohl er schlief, und mit einem Weh, das für ihn das Sonnenlicht vergiftete, wenn er wach war.

ZWEITES KAPITEL

Conachúr mac Nessa bereitete ein Fest vor. Bankette waren an seinem Hof in einfacher Form nichts Außergewöhnliches, aber dies war ein Staatsbankett, und jedermann, der erwarten konnte, daß man ihn für hinreichend edel und bemerkenswert hielt, war in das Haus des Roten Zweiges eingeladen.

Neben dem Adel von Geburt gab es an jedem irischen Hof eine Elite der Hervorragenden. Jene, die es in Gelehrsamkeit, in den Künsten oder als Handwerker zu etwas gebracht hatten, besaßen das Privileg, den König zu besuchen in gleicher Weise wie die anderen, deren Vorrecht aus den Gräbern ihrer Väter oder von ihrer Geschicklichkeit im Umgang mit Waffen herrührte. Ein König war dann seinem Volk nahe, durch Training und Gewohnheit war er ein Sachkenner in vielen Dingen, bei denen alle mitreden konnten. Ein Reich des Geschmacks ist das einzige Reich, das Gleichheit zuläßt – es ist wirklich eine Demokratie. Er konnte sich verständnisvoll mit dem Mann unterhalten, der ein Haus gebaut hatte oder mit jenem anderen, der für die Schnitzereien daran zuständig gewesen war. Er konnte sich mit dem Wagenmacher, mit dem Zureiter seiner Pferde so über deren Tätigkeit unterhalten, daß man merkte, er verstand von all dem bis in die kleinsten Einzelheiten hinein etwas. Gleiches galt auch für jenen Mann, der seine Schinken räucherte oder für den feisten Meister, der das Bierbrauen überwachte. Alle Künste waren Haushaltskünste; alle Handwerke waren Künste; und in der Kenntnis dieser bestand die Kultur. Ein Edelmann kannte alle Musik, die es wert war gespielt zu werden, denn es gab in jedem Haushalt einen Musiker. Er kannte auch alle Lieder, die sich durch die Zeiten hin überliefert hatten, und er verstand es darüber zu reden, was denn an ihnen so ausgezeichnet war; die einzige Kunst, die er als ihm nicht einsichtig betrachten konnte, war die Dichtkunst; denn, während alle anderen Künste auf Gedächtnis und Erfahrung beruhen, beruht die Dichtkunst, die eigentlich nicht eine Kunst ist, einzig und allein auf der Gnade.

»Lavarcham«, sagte Conachúr, »hast du sie über das Bankett reden hören?«

»Ja, Herr. Ich habe sie von nichts anderem reden hören.«

»Werden irgendwelche wichtigen Leute nicht kommen?«

»Niemand außer jenen, die gerade an Wunden oder an einer Krankheit sterben.«

»Cúchulinn hat sich einige Zeit nicht sehen lassen.«

»Nach einem Jahr Ehe ist man immer noch jung verheiratet«, gab die Vertraute des Königs zu bedenken.

»Ich fürchte, die Liebe des Jungen zu mir hat ihre Grenzen«, fuhr Conachúr fort.

»Der König ist zu freundlich mit ihm gewesen!« rief Lavarcham scharf.

»Der König kann nicht anders«, wies er sie zurecht, »denn er liebt diesen Burschen. Ich könnte ihm nichts Böses antun, so wie ich mich selbst auch nicht schädigen könnte.«

»Ich mag ihn auch«, sagte Lavarcham, »aber er ist dreister als das einem Prinzen wohl ansteht.«

»Kannst du mir erklären, Lavarcham, warum er daran Anstoß genommen hat, daß ich mein königliches Privileg gegenüber seiner Frau geltend gemacht habe?«

»Stolz«, erwiderte sie kurz. »Er ist stolzer als zehn Könige zusammen.«

»So muß es wohl sein, es ist das Vorrecht eines Edelmannes, stolz zu sein«, fuhr er fort. »Aber wenn solche Einwände erlaubt wären, würde jede Regierung unmöglich. Sprechen die Leute noch über seine Weigerung?«

»Die Leute wissen, daß der König mit Emer geschlafen hat.«

»Gut, aber sie werden dann auch wissen, daß Fergus auf der anderen Seite schlief, um über sie zu wachen.«

»Nein«, erwiderte sie, »das wissen höchstens fünf Leute, und sie sind alle dem König treu ergeben.«

»Sag mir«, fragte Conachúr und sah sie ernst an, »magst du Cúchulinn lieber als mich?«

»Ihr seid mir der Liebste von allen, Herr«, sagte sie.

»Ich glaube dir, meine Freundin, aber sie sagen, daß alle Frauen Cú lieben. Was Fergus angeht«... er murmelte etwas und schwieg dann einen Augenblick... »ich bin mir nicht darüber im klaren, wie weit Fergus' Liebe zu mir geht. Ich weiß nicht, ob ein loyaler Mann etwas gegen seinen Souverän unternommen haben würde, wie Fergus das auf Bitten von Cúchulinn getan hat.«

»Er hat es getan, weil er euch beide mag, Herr, und es ist gewiß besser, daß solche Verabredungen nur Freunden bekannt werden.«

»Möglich«, sagte Conachúr. »Aber ich hatte ja mein Wort gegeben... ich wollte zwar mein Vorrecht wahrnehmen, aber das Mädchen dabei nicht anrühren. Gilt denn das Wort des Königs für Männer wie Fergus und Cúchulinn nicht mehr?«, rief er wütend.

»Es war Cúchulinns Einfall«, sagte sie.

»Vielleicht auch der von Fergus«, erwiderte er und verfiel wieder in ein mürrisches Schweigen. »Wer weiß schon, was einem solchen Mann durch den Kopf geht.«

»Feste«, sagte Lavarcham. »Er liebt es zu essen.«

»Ich war versucht«, sagte der König weiter, »in jener Nacht einmal auszuprobieren, ob er auf mich losgehen werde, ob er es wagen werde, das Schwert, das er ins Bett mitgenommen hatte, seinem König in den Leib zu rennen... aber ich hatte mein Wort gegeben. Wenn«, fuhr er zornig fort, »Cú wenigstens Conall Cearnach oder Cruscid Menn oder irgendeinen anderen Ritter statt dieses Mannes gefragt hätte: es wäre mir auch leichter geworden.«

Lavarcham lachte respektvoll.

»Wie habt Ihr eigentlich diese Nacht verbracht?« fragte sie.

Conachúr brach in ein lautes Lachen aus.

»Fergus und ich gingen zu Bett, und das Mädchen legte sich zwischen uns. Wir alle behielten unsere Kleider an. Mein Bett ist schmal genug für mich allein, aber ein großes Mädchen mit all ihren Kleidern und dann ein ausgewachsener Fettwanst von einem Mann wie Fergus... das ist einfach zu viel. Ich nahm mir für diese Nacht nur das eine vor: nämlich mich auf keinen Fall aus meinem eigenen Bett herausdrängen zu lassen. Das brachte ich auch fertig, aber jedesmal, wenn Fergus ein Auge schloß, fiel er auf den Boden, und das Mädchen wachte auf und schrie.«

Lavarcham stieß ein schrilles Geräusch aus und bat den König um Verzeihung.

»Und wie benahm sich Emer?« fragte sie.

»Sie legte sich schlafen«, sagte Conachúr sauer. »Sie schlief fest und schlug dabei sieben Stunden lang um sich. So wie sie die runden Knie einer Frau hat – und die hat sie, denn sie stieß mir damit mindestens tausendmal in den Rücken –, so hat sie auch die scharfen Ellbogen eines Mädchens, denn es kam mir nach einer gewissen Zeit so vor, als läge da ein Bündel mit lebendig gewordenen Pflöcken in meinem Bett. Man glaubt gar nicht, wie lang so eine Nacht sein kann... und wir mußten sie sogar noch verlängern aus Höflichkeit gegenüber dieser Frau. Das Mädchen wird mir in schmerzhafter Erinnerung bleiben, bis ich sterbe, und Cú kann für sie von mir verlangen, was er will. Aber nun wollen wir mal über das Bankett reden. Geht alles in Ordnung?«

»Alles, Herr.«

»Die Brauer, die Bäcker, die Köche... haben sie ihre Gerätschaften und ihre Anweisungen?«

»Da müßt Ihr Eure Haushofmeister fragen, Herr.«

»Stimmt. Aber als du unter all diesen Leuten umhergingst, wie wirkten sie auf dich? Was sprachen sie über das Fest?«

»Sie waren aufgeregt und entzückt. Sie redeten über all

die berühmten Leute und deren großes Gefolge, und daß Ulster den Fünf Königreichen zeigen werde, was so ein richtiges Fest ist.«

»Es sind alles gute Leute«, sagte Conachúr. »Sie sind sehr gute Leute. Was gibt es sonst für Neuigkeiten?«

»Nichts Neues, außer daß alles in Ordnung ist.«

»Hast du keine Nachrichten aus Schottland?«

»Keine, Herr, oder doch nur wenige.«

»Selbst wenig Nachricht ist eine Nachricht«, sagte er. »Erzähl mir das Wenige.«

»Sie sind wieder gejagt worden«, sagte Lavarcham mit leiser Stimme. »Überall, wo sie hinkommen, jagt man sie wie Füchse. Sie leben unter freiem Himmel, sie kauern sich wie wilde Geschöpfe zwischen den Farn am Abhang des Gebirges oder verbergen sich zwischen Felsen und Höhlen an der sturmumtosten Küste.«

»Sie sind das von früher her nicht gewöhnt«, murmelte er.

»Sie haben nie Not gelitten«, jammerte Lavarcham, »und meine Kleine...«

»Was heißt: deine Kleine! Wie alt ist sie eigentlich jetzt?«

»An die dreiundzwanzig Jahre, Herr.«

»Und ich bin siebenundvierzig Jahre alt. Sie hat noch viele Jahre vor sich.«

»Aber was für Jahre werden das sein? Sich in eine Furche ducken wie ein Hase oder dünnbeinig aufstehen aus einem Sumpf wie eine Rohrdommel?«

»Verfolgt sie der König von Schottland immer noch?« fragte Conachúr.

»Ja, seitdem er vor sieben Jahren ein Auge auf sie geworfen hat, läßt er ihnen keine Ruhe. Und so wird es auch bleiben, bis er die drei Brüder getötet und das Mädchen für sich selbst genommen hat. Das ist das Willkommen eines Königs in Schottland. Wenn man daran denkt, wie wir denselben Herrn, als er als Ziehsohn hierherkam, behandelt haben...!«

»Er ist ein noch junger Mann«, sagte Conachúr.

»Jung oder alt, so benimmt man sich nicht als Fürst.«

»Das Benehmen eines Fürsten kann nur von einem Fürsten kritisiert werden«, sagte der König streng.

Lavarcham verstummte.

»Junge Männer haben ihre wilde Zeit, und das ist ihr gutes Recht; aber alte Männer kann eine Wildheit überkommen, wie sie kein junger Mann kennt«, sagte der König.

Er sah Lavarcham streng an.

»Man erzählt sich viel von der Liebe, aber selten davon, wie sie wirklich ist... Sie ist Wildheit im Blut, Schmerz in den Knochen, Gier und Verzweiflung. Sie ist Durst bei Nacht; brennend wie ungelöschter Kalk am Tag. Sie bedeutet, sich zu erinnern und dabei einen Dorn im Herzen zu spüren, eine Blutspur zu hinterlassen, wo immer man geht. Urteile nicht über Dinge, bei denen nur Männer sich auskennen. Kümmere du dich um deinen Weiberkram.«

»Jene Kinder«, sagte Lavarcham eigensinnig, »sind Weiberkram, und um seine Untertanen sollte ein König sich kümmern.«

»Sie sind sogar unsere Verwandten«, sagte Conachúr düster, »und man wird über ihr Elend nachdenken. Wir werden darüber nach dem Bankett wieder miteinander sprechen.«

Lavarchams Augen glänzten.
»Ja, Herr«, krähte sie.
»Schick unsere Haushofmeister und unsere Meister herein«, sagte Conachúr.

DRITTES KAPITEL

Der König und die Ehrengäste, hauptsächlich Mitglieder seiner Familie und deren Frauen, saßen auf einem erhöhten Sitz, von dem aus man die Bankethalle überschaute. Dies war der Mittelpunkt der Halle. Die Speisen waren verzehrt, Met, Bier und Wein machten die Runde. Die Herren tranken den Frauen ihrer Bekannten zu. Die Frauen musterten fiebrig Kleider und Schmuck ihrer Rivalinnen.

»Jede«, erklärte Emer mit ihrer klaren süßen Stimme Cúchulinn, »jede, die überhaupt Haare auf dem Kopf hat, trägt sie auf diese Art.«

»Es ist die Mode aus Connacht«, sagte Cruscraid der Stammler.

»Maeve trug ihre Haare so«, verbesserte Emer.

»Es müssen drei Zöpfe sein«, fuhr sie fort, »zwei um den Kopf geschlungen und befestigt mit einer Brosche, und der dritte muß über den Rücken herunterhängen. Ich finde, das kleidet.«

»Und ich sage«, lächelte Conachúr, »unsere Damen sollten sich mit dem zufrieden geben, was in unserm guten alten Ulster Sitte ist.«

»Freilich gibt es in Ulster Sitten«, sagte Emer, »aber Sitte ist nicht gleich Mode. Dazu muß man schon nach Connacht gehen.«

»Wenn es nach den Frauen ginge«, sagte Laerí, »müßten wir auf dem Wall des Schwarzen Schweines Gras wachsen lassen.«

»Man trägt jetzt in Connacht kleinere Halskragen«, fuhr Emer fort und blickte geringschätzig auf den entsprechenden Schmuck einer Nachbarin. »So wie meiner«, fügte sie selbstgefällig hinzu.

Cúchulinn lachte laut.

»So wie deiner«, spottete er. »Nun, meine Liebe, dein Halskragen stammt aus der letzten Beute, die ich in Connacht gemacht habe.«

Gute Laune überkam Conachúr.

»Wenn der Halskragen wirklich von dort kommt, meine Seele, muß ihn mir deine schöne Frau doch einmal genauer zeigen. Du hast bei dieser Gelegenheit hart kämpfen müssen, nicht war?«

»Ich bin davongekommen«, antwortete Cú bescheiden.

»Du bist davongekommen, aber erst als du daheim warst«, neckte ihn Bricriu. »Du mußtest ganz schön laufen, mein Süßer.«

»Sie waren sehr zudringlich«, gab Cú lachend zu, »aber ich habe meine Beute heimgebracht.«

»Weißt du, wie die Männer von Connacht die Tatsache erklären, daß du noch immer am Leben bist?«

»Es wird eine unliebsame Erklärung sein, wenn Bricriu sie gibt«, sagte Emer.

»Dennoch würde ich sie gerne hören«, sagte Conachúr.

»Sie behaupten untereinander, unser Cú sei so schön,

daß sie es einfach nicht über sich gebracht hätten, ihn zu töten. Stell dir das mal vor, Cúcuc.«
»Das ist ein törichter Grund«, rief Laerí laut.
»Das ist ein guter und ehrenwerter Grund«, sagte Emer schnell. »Freilich kein Grund, aus dem du je einen Mann würdest laufen lassen.«
»Nein«, sagte Bricriu, »Laerís Entschuldigung, wenn er einen nicht erwischt, würde immer lauten, daß er ihn einfach nicht fangen konnte.«
»Und das«, erwiderte Laerí »wäre auch bei den Männern von Connacht der wahre Grund, weshalb sie Cú nicht fingen, wenn ein Connachtmann nur jemals die Wahrheit sagen würde.«
»Sie reden Wahrheit, wenn die Wahrheit angenehm ist«, sagte Emer, »wenn sie nicht angenehm ist, lügen sie. Sie sind höfliche Leute. Das ist mehr, als man von unseren Männern behaupten kann.«
»Na! Na!« lachte Conachúr.
»Ihre Lügen kommen aus einem guten Herzen und entspringen ihrer Freude am Glück. Während unsere Wahrheiten im Tonfall eines schlecht abgerichteten Hundes, der knurrt, vorgebracht werden.«
»Na! Na!« rief Conachúr laut.
»Conall, was hältst du von den Leuten in Connacht? Du bist doch erst kürzlich bei ihnen gewesen.«
»Sie sind ehrenwerte Kämpfer«, sagte Conall.
»Kein Mensch kann sich einen besseren Feind wünschen als einen Mann aus Connacht«, bestätigte Fergus. »Sie rücken vor, wo sich andere schon zurückziehen, und wenn sie sich zurückziehen, geschieht es entweder aus Mitleid oder um der Dichtkunst willen.«

»Also«, sagte Conachúr, »ihre Komplimente an Cú sollen ihnen vergolten werden. Und wir können jetzt von etwas anderem reden. Wie gefällt euch unser Bankett?«

»Dagegen ist nichts zu sagen«, rief Emer, »es ist vollkommen.«

»Alle zufrieden, jeder ist glücklich«, sagte mit Wohlgefallen der König, als er sich im Roten Zweig umsah. Auch seine Gäste schauten in die Runde.

»Sie wirken glücklich, und sie sind glücklich«, sagte Cúchulinn.

Er wandte sich an seinen Diener und Wagenfahrer.

»Laeg«, rief er, »liebst du mich nicht mehr? Mein Becher ist leer.«

»Mein Liebling«, erwiderte Laeg, »du hast so viel getrunken wie gut für dich ist.«

»Und ich will so viel trinken wie schlecht für mich ist«, sagte Cúchulinn, »also bring mir noch etwas Met, mein Schatz.«

»Soll ich dir Bier oder Cidre bringen?« fragte Laeg.

»Met«, sagte Cú.

»Besser Bier, mein kleiner Liebing«, sagte der Wagenlenker.

»Bring Cú Met, wenn er es will«, befahl Emer empört.

»Liebe Herrin«, sagte Laeg, »wir müssen ihn heute nacht nach Hause bringen.«

»Dann gib ihm Bier«, sagte Emer.

»Unbedingt Bier«, rief der belustigte Conachúr.

»Met«, beharrte Cúchulinn.

»Dann willst du wieder mit dem Mond und den Sternen kämpfen, wenn wir heimfahren«, wies ihn Emer zurecht.

»Das geht auch mit Bier im Bauch«, versicherte Cúchulinn.
»Und es ist gutes und kräftiges Bier«, erklärte der König.
»Also dann Bier her«, sagte Cúchulinn.
»Ich denke, niemand, den wir kennen, ist dem Bankett ferngeblieben«, sprach Fiachra der Schöne, Conachúrs jüngster Sohn.
Das Gespräch nahm eine neue Wendung, als sie alle sich in der großen Halle umsahen. »Da ist der und der und die und die.«
»Wer«, sagte Emer, »ist dieser große traurige Mann mit dem dreifachen Kinn unter seinem Mund?«
»Er ist der und der«, sagte Fiachra.
»Und das schwarze Ungetüm neben ihm, mit diesem Bart, den er wohl von einem Stachelschwein gestohlen hat?«
»Sein Name ist Borach, der Sohn des Annté. Er lebt auf einem befestigten Felsen, der ins Meer hinausragt. Er fängt immer Haifische durchs Fenster. Auf seinen Banketten gibt es nur Fisch.«
»Er soll ein Bankett für mich ausrichten«, rief Conachúr.
»Von so einem Mann würde ich mir kein Fest geben lassen«, sagte Fergus.
»Du mußt es annehmen, wenn er dich dazu einlädt«, erwiderte Cúchulinn, »denn du unterliegst einem ges*, demzufolge du keine Einladung zu einem Fest abschlagen darfst.«
»Das stimmt schon, aber das Fest muß vorbereitet sein,

* ges oder geasa ist eine Verpflichtung, die man unbedingt erfüllen muß. Sie wird in den frühen irischen Sagas meist vom Erzähler eingeführt, um ein unentrinnbares Schicksal plausibel zu machen.

ehe man mich dazu auffordert, und da ich nicht vorhabe, diesen Teil der Welt zu besuchen, werde ich auch niemals seine Haifische essen müssen.«

»Meint ihr wirklich, daß keiner abwesend ist?« fragte Conachúr.

»Nicht einer« riefen sie.

»Ich zähle genauer als ihr«, fuhr er fort, »ich weiß von dreien, die nicht hier sind.«

Wieder sahen sie sich in der Halle um, ohne daß jemand sich an einen Freund, der fehlte, hätte erinnern können. Sie wandten sich an den Herold, der neben Conachúrs Stuhl stand. Auch er wußte keinen, der fehlte.

»Also welche drei sind es?« fragte Fiachra.

»Die drei Söhne von Uisneac«, erwiderte der König lächelnd. »Die drei vor Mut strahlenden Kämpen der Gälen.« Bei diesen Worten trat Schweigen ein, niemand wußte genau, was er sagen oder tun sollte. Fergus blickte den König direkt an.

»Sie sind in Schottland«, sagte er.

»Seit sieben Jahren, damals lief Naoise mit Deirdre davon«, sagte Conachúr.

Conall Cearnach wandte seine harte Stirn dem König zu.

»Es geht ihnen sehr schlecht«, sagte er.

»Ich habe gerade davon gehört«, sagte der König ernst. »Wir müssen sie heimholen.«

Bei diesen Worten veränderte sich der Gesichtsausdruck aller. Es war, als werde ein Labsal in das Herz eines jeden geträufelt. Cúchulinn sah mit Enthusiasmus zum König hin: »Du willst, daß sie zurückkommen?«

»Sie werden schon an unserem nächsten Bankett teilnehmen.«

»Wenn ich dich noch mehr lieben könnte«, sagte Fergus, »ich würde dich darum noch mehr lieben.«

»Ich weiß, daß du mich auf die rechte Art liebst«, sagte Conachúr, »und ich liebe dich auch, mein Herz.«

»Es hat uns sehr danach verlangt, Naoise wiederzusehen«, rief Cúchulinn.

»Wie ist er?« fragte Emer.

»Er steht unter einem ges, was seine Rückkehr betrifft«, rief Bricriu dazwischen.

Conachúr wandte sich abrupt ihm zu. »Was für ein ges ist das?«

»Er wird in Begleitung des Fergus, des Conall oder des Cú zurückkehren oder er wird nicht zurückkehren.«

»Ach ja!« sagte Conachúr.

»Er war immer ein vernünftiger und weitsichtiger Junge«, fuhr Bricriu nachdenklich fort. Der Blick des Königs ruhte einen Augenblick schwer auf Bricriu, dann sprach er: »Wir werden einen von ihnen schicken oder auch alle drei, um ihn zu holen.«

»Und wie ist sie denn?« wollte Emer noch wissen.

Bricriu erwiderte: »Sie hat sechs Jahre lang in Straßengräben übernachtet. Und doch ist sie wie nichts, wovon Ihr je gehört habt, süße Dame.«

»Sie…«, sagte Cúchulinn.

»Sie«, rief jeder an der Tafel in diesem Augenblick. »Sie«, sagte Conachúr mit einem ernsten Lächeln, »erhielt den Namen ›Jene, die Kummer bringt‹. Sie hat Kummer gebracht und ihren Teil an Kummer ertragen.«

VIERTES KAPITEL

Verstehst du?« fragte der König.

»Ich verstehe gut, Herr«, sagte Lavarcham.

»Erst einmal schickst du Conall zu mir. Eine Weile später schickst du Cúchulinn. Abermals eine Weile danach schickst du mir Fergus, und wenn er kommt, sorge dafür, daß Borach schon wartet.«

»Ich verstehe gut, Herr.«

»Gar nicht mehr so lange, und du wirst deine Kleine wiedersehen.«

Sie musterte sein Gesicht unterwürfig und ernst.

»Ihr seid sehr gütig, Herr.«

»Bist du nicht zufrieden?«

»Ich freue mich und mache mir Sorgen«, antwortete sie.

»Sorgen!« wiederholte der König mild.

»Sie wird nicht mehr das Mädchen sein, das ich kannte«, sagte Lavarcham.

»Wie das?«

»Der Kummer wird sie zerstört haben.«

»Mädchen sind härter als Frauen immer tun«, sagte Conachúr.

»Ein Mann entwickelt sich direkt aus dem Jungen, der er einmal war«, fuhr sie fort. »Er bleibt immer noch der Junge, den man kannte, selbst wenn er ein alter Mann geworden ist. Aber ein Mädchen wird etwas ganz anderes als das, was sie gewesen ist. Sie wird eine Fremde innerhalb eines Jahres.«

»Ha!« rief der König.

»Die Deirdre, die wir kannten, ist tot. Eine vom Wind

und Wetter gezeichnete Frau wird mich aus unbekannten Augen ansehen und zu mir sagen: ›Wie geht es dir?‹, und ich werde nicht wissen, was ich mit ihr reden soll«, sagte Lavarcham.

»Wenn es so ist, werden wir's ja erleben«, sagte Conachúr. »Geh jetzt und schicke mir Conall, danach die anderen, in der genannten Reihenfolge.«

Als sie der König nicht mehr beobachten konnte, stand sie noch gut fünf Minuten da und dachte genau nach; sie hörte auf das, was ihr Herz sagte, auf ihre Instinkte. Auf jene Wächter, die wir aufrufen in Zeiten, in denen wir Zweifel haben, und in denen keine andere Hilfe ist als jene, die wir aus uns selbst aufbieten können. Sie seufzte unhörbar, furchtsam, und ging dann ihrem Geschäft nach.

Conall Cearnach stand an der Tür.

»Gutes Euch, Häuptling und König!« grüßte er.

»Leben und Glück!« erwiderte Conachúr knapp. »Setz dich hier, mein Herz, es gibt nur einen Stuhl. Ich werde auf und ab gehen, während wir über die Sache reden, um die es geht.«

Sein Gast nahm Platz.

»Es geht um die Uisneac-Jungen. Meinst du nicht auch, daß sie heimkommen sollen?«

»Alle meinen das; es klafft eine Lücke unter deinen Männern, solange sie fort sind.«

Conachúr nickte.

»Die Lücke in den Reihen deiner Hauptleute ist noch weit weniger zu verschmerzen.«

»So ist es.«

»Unter den Jungen, die nachwachsen«, faßte Conall zusammen, »gibt es keinen, der die drei ersetzen könnte. Schon an der Schwelle zur Mannbarkeit waren ihr Wissen und ihre Geschicklichkeit bemerkenswert.«
»Gewiß doch«, erwiderte Conachúr. »Ich habe sie selbst ausgebildet.«
»Sechs Jahre voller Kämpfe und Hinterhalte und zuvor die Flucht werden noch bessere Soldaten aus ihnen gemacht haben.«
Der König kam auf seinen Besucher zu und legte ihm die Hand auf die Schulter.
»Conall, mein Freund, diese drei haben schandbar an mir gehandelt.«
»Die einzige Art, etwas zu vergeben, ist, es zu vergessen. Du hast vergeben Conachúr... und vergessen.«
»Wenn sie mit dir zurückkommen, Conall, und es würde ihnen etwas zustoßen, während sie deinem Schutz anvertraut sind, was würdest du tun?«
Conall erhob sich vom Stuhl, und indem er aufstand, schüttelte er die Hand des Königs ab. Er sah dem König mit einem festen, bleichen Ausdruck ins Gesicht.
»Wenn jemandem, der unter meinem Schutz steht, Böses geschieht, würde ich die Person töten, von der das Böse kommt.«
Der König lachte belustigt. »Auch, wenn es der König wäre?« fragte er.
»Ich würde jeden Menschen töten, der mich entehrte«, sagte Conall ernst.
»Da hast du ganz recht«, sagte Conachúr freundlich. Er setzte sich auf den Stuhl, von dem Conall sich erhoben hatte.

»Die Sache, die ich mit dir besprechen wollte, betrifft deinen Onkel Cet mac Magach, Cet von Connacht. Dieser Mann mißachtet unsere Grenzen, und seine Raubzüge verursachen uns großen Schaden. Das ist unverschämt. Unsere jungen Leute sind ihm nicht gewachsen. Könntest du nicht mit ihm reden, Conall, und ihn uns vom Leib halten?«

»Mit einem Connacht-Mann spreche ich nur mit dem Schwert.«

»Du kannst mit ihm reden, wie es dir gefällt.«

Conall dachte etwas verstört über diese Aufforderung nach.

»Ich möchte Cet mac Magach nicht töten. Er ist der Bruder meiner Mutter.«

»Und er ist jemand, den man auch nicht so leicht tötet«, sagte Conachúr. »Wir werden unsere Vorkehrungen seinetwegen treffen. Segen und langes Leben dir!«

Der entlassene Recke verließ den Raum.

»Dieser Mann«, dachte Conachúr mürrisch, »ist wie aus Steinen zusammengehämmert. Er ist nichts anderes als versteinerte Eitelkeit. Er liebt nichts als seine Ehre, was bedeutet: er ist in sich selbst verliebt.«

»Komm herein, Cú«, rief er. »Komm herein. Ein hundertfaches Willkommen, mein Lieber.« Cúchulinn, großartig in rote Seide mit goldenen Stickereien gekleidet, kam hereingesprungen.

»Sieh da, mein Herzschlag«, rief Conachúr. »Du hast einen neuen Umhang!«

»Emer hat ihn gemacht«, prahlte Cú. »Sie versteht sich auf die feinsten Stickereien in der Welt. Sie hat es mir selbst gesagt.«

»Wenn sie es dir selbst gesagt hat...«, meinte Conachúr. »Laß mal den Ärmel sehen. Nicht schlecht, meine Freude. Aber ich habe da ein paar Stücke... na, lassen wir das. Bist du Conall begegnet, als du hereinkamst?«
»So ist es. Er lächelte mich kalt an und schlug mir mit einer Faust aus Blei auf die Schulter.«
»Wir stritten über Ehre. Wenn ein Mensch deinem Schutz unterstellt wäre und getötet würde, wie würdest du dich verhalten, Cúcuceen?«
»Ich würde den anderen töten«, sagte Cúchulinn.
»Und wenn der andere dein König wäre, mein Schoßtier?«
»Dann würde ich den König töten.«
Conachúr wandte sich ihm wütend zu.
»Du würdest mich töten?« fragte er noch einmal.
»Das würde ich«, erwiderte Cúchulinn ebenso aufgebracht. »Ich würde jeden töten, der einem Menschen, welcher unter meinem Schutz steht, etwas zuleide tut.«
»Aber mich würdest du doch *nicht* töten, Cúchulinn!«
»So sicher wie der Tag mit der Morgenröte beginnt.«
»Überleg dir, junger Hund, bedenke, was du da sagst, Hahnenkamm«, rief er.
»Ehre...«, begann Cúchulinn wieder.
»Du liebst mich nicht«, sagte der König wütend.
»Ich liebe dich.«
»Denk nach«, brüllte der Köniag und stampfte auf. Der lachende Cúchulinn wich vor seinem Zorn zurück.
»Ich liebe dich«, brüllte er, und fuhr fort zu brüllen, »ich liebe dich, ich liebe dich«, bis sie draußen auf dem Flur an einer Stelle vorbeikamen, wo Wachen einander in die Rippen stießen und vor Freude kicherten.

Conachúr griff sich, halb in Wut, halb lachend an den Bart. Eine Eitelkeit mehr mit einem Umhang, überlegte er. Dieser Junge liebt mich tatsächlich, und er würde mich auch gewiß töten, denn es käme ihm nie in den Sinn, daß ich mir überlegen könnte, ihn töten zu lassen. Gibt es denn in diesem ganzen Königreich niemanden, der mich mehr liebt als seinen armseligen Stolz? Was für drei Männer hat sich dieser Naoise zu seiner Sicherheit da auch ausgesucht! Aufgebracht ging er hin und her.

»Nun wollen wir doch mal sehen, wie es mit Fergus steht«, schnaubte er. »Er behauptet ja immer, er bewundere mich. Er schaut zu mir auf mit der Ergebenheit eines törichten Hundes. Ein dummer Hund ist er. Und ein Monstrum, ewig gierig nach Beute. Wenn er sich mir nun auch widersetzt...« Der König verfiel in Düsternis und geriet im Nachdenken in bittere Wut. Eine laute Stimme drang zu ihm heran.

»Gutes dir, meine Seele, Conachúr!«

»Es ist Fergus«, rief der König freudig und ging seinem Besucher entgegen.

»Komm, mein Herzschlag, mein Bester. Setz dich, und ich werde stehen. Nein, setz dich«, schalt er freundlich. »Wirklich, wenn es mit rechten Dingen zuginge, müßtest du immer sitzen und dieser Mann«, er schlug sich auf seine eigene Brust, »müßte wie ein Liebender seine Knie vor dir beugen. Du bist mir doch nicht mehr böse, mein Liebling, wegen des Streiches damals?«

Der Riese setzte sich.

»Ich denke nicht mehr daran, oder wenn ich daran denke, geschieht es mit Erleichterung. Immer all dieser Ärger, den man auf dem Richtersitz hat... Fragen und Probleme, mit denen man sich Tag für Tag herumschlagen muß. Ich war bestimmt so schlecht nicht bei der Rechtsprechung, aber was die Gesetzgebung angeht, so war ich ein Tölpel. Jetzt haben wir den besten Mann auf diesem Platz, mein Lieber. Quäle dich nicht mit dem Gedanken an diesen alten...« Er suchte nach einem Wort.

»Verrat«, sagte Conachúr.

»So wollte ich es nicht nennen«, lachte Fergus. »Du siehst das zu eng, Conachúr. Der Adel war einverstanden. Der Adel hat dich zum König gemacht, und ich bin dein ergebenster Untertan.«

»Liebst du mich?«

»Habe ich das nicht immer wieder bewiesen«, lächelte der andere.

»Viele Male. Ich weiß nicht, wie oft«, sagte Conachúr. Er wandte sich ab, schloß die Augen. Ein Schmerz, der von dumpfem Haß herrührte, regte sich in ihm.

Wenn dieser Mensch tot wäre, dachte er in düsterster Verzweiflung. Wenn dieser Mann ausgelöscht wäre... verschwunden, fort... Wie frei könnte meine Seele sein. Er wandte sich wieder Fergus zu.

»Laß uns von etwas anderem reden«, sagte er, »diese drei Söhne von Uisneac...«

»Du hast da eine Großzügigkeit bewiesen, wie sie selten ist«, sagte Fergus zustimmend.

»Selten oder nicht selten, sie werden zurückgeholt und du wirst gehen und sie holen.«

Fergus nickte.

»Und wenn sie meinen Schutz suchen...«, begann er.

»Natürlich werden sie deinen Schutz suchen, und sie werden unter deinem Schutz zurückkehren.«

»Gut, ich gehe. Es wird mir Spaß machen, die Jungen wiederzusehen. Sie hatten das Zeug dazu in sich, große Kämpfer zu werden.«

»Also abgemacht«, sagte Conachúr. »Kannst du noch heute aufbrechen?« fragte er.

»Noch in dieser Stunde.«

»Gut.«

Conachúr überlegte und warf einen nachdenklichen Blick auf seinen Gefährten.

»Einmal angenommen, diesen drei Männern würde etwas zustoßen, während sie unter deinem Schutz stehen, Fergus, was würdest du tun?«

»Ich würde denjenigen, der sich so etwas herausnimmt, töten.«

»Gleichgültig, wer er ist?«

»Gleichgültig, wer er ist.«

»Ich frage mich, ob unsere gegenseitige Liebe auch einem Angriff auf die Ehre standhalten würde«, sagte Conachúr nachdenklich. »Es gibt Bande der Liebe, aber ich zweifle, daß ich meine Hand gegen dich erheben könnte, selbst dann, wenn du meine Ehre verletzt hättest.«

»Unsere Liebe ist ein starkes Band«, sagte Fergus einfach, »es wäre schwer, es zu zerreißen.«

»Nichtsdestoweniger«, lächelte der König, »wenn ich deine Ehre verletzte... sagen wir, indem ich die Söhne des Uisneac, während sie deinem Schutz unterstehen, tötete... würde deine Zuneigung zu mir dem standhalten?«

»Das wäre ein schwieriger Fall, wirklich«, lachte Fergus.

»Würdest du mich töten?« fragte der König mit einem genialen Lächeln.

»Du weißt doch«, sagte Fergus, »ich könnte dich nicht töten, was immer du auch tust.«

»Wir lieben einander wirklich«, sagte Conachúr. »Es ist eine große Sache, einander so zu lieben, wie wir es tun, mein Freund. Nun aber«, fuhr er brüsk fort, »müssen wir uns einem ärgerlichen Geschäft zuwenden. Und dazu müssen wir eine dritte Person hereinbitten, damit die Welt weiß, wie wir uns seiner entledigt haben.«

Er klatschte in die Hände, und fragte den Diener, der erschien: »Wer wartet?«

»Borach, Herr.«

»Sag ihm, er soll hereinkommen.«

»Das ist der Mann, der seine Gäste mit Haien füttert«, sagte Fergus.

»Er hat heute Ehrenwache«, sagte der König leichthin, »und er soll Zeuge vor der Welt sein, wie meine Anweisungen an dich lauten. Tritt näher, guter Borach.«

Der füllige Mann kam herein.

»Du wirst dir jetzt anhören, welche Befehle ich unserem lieben Fergus gebe, und du wirst somit der Zeuge dieser Übereinkunft sein.«

Fergus stand auf, und Conachúr setzte sich.

»Fergus, mein Freund, du wirst nach Schottland gehen. Du wirst von dort die drei Söhne des Uisneac und Deirdre an unseren Hof zurückbringen. Du wirst diesen Auftrag ohne Verzögerung ausführen.«

»Ohne Verzögerung«, bestätigte Fergus.

»In dem Augenblick, da sie ihren Fuß auf den Boden Irlands setzen, wirst du eiligst mit ihnen hierherkommen; für den Fall, daß es dir nicht möglich sein sollte mitzukommen, wirst du darauf dringen, daß sie ohne den geringsten Aufenthalt, und dauere er auch nur eine halbe Stunde, zu mir reisen.«

»So soll es geschehen«, sagte Fergus, »aber ich werde bei ihnen bleiben.«

»Ob mit dir oder ohne dich, ob sie bei Tag oder bei Nacht in Irland ankommen, sie werden ohne Aufenthalt, und sei es auch nur eine halbe Stunde, zu mir geschickt werden.«

»Das wird geschehen«, sagte Fergus.

»Ich verpflichte dich unbedingt dazu«, sagte Conachúr.

»Ich willige ein«, erwiderte Fergus. »Ich werde meine zwei Söhne mit nach Schottland nehmen, und falls ich durch ein Wunder selbst aufgehalten werden sollte, werden sie mit der nötigen Eile die vier Leute sicher in Emain Macha abliefern.«

»Eine rasche Rückkehr wünsche ich dir«, sagte Conachúr. »Brich sofort auf, mein lieber Freund. Du aber, Borach, bleib noch einen Augenblick. Ich muß noch über unser Fest mit dir reden.«

Fergus lachte breit, als er sich zurückzog. »Haie«, murmelte er ausgelassen. »Haie!«

FÜNFTES KAPITEL

An dem Abhang eines sonnigen Hügels über Loch Eitche kochte Deirdre als Mahl ein Stück Wild, das ihr Mann und dessen Brüder erlegt und auf den Schultern heimgebracht hatten. »Das Essen ist fertig«, rief sie.

»Es ist nicht so fertig, wie ich es bin, denn ich könnte Land und Wasser verschlingen«, versicherte Ardan.

»Wir werden dir nichts abgeben«, sagte Deirdre spottend.

»Das geschieht dieser gierigen Person recht«, sagte Ainnle. »Er ißt noch im Schlaf.«

»Aber ich muß das Teil bekommen, das ich erlegt habe«, protestierte Ardan.

»Welches Teil ist das?«

»Ich weiß seinen Namen nicht, aber es ist das zarteste Teil.«

»Auch noch diebisch ist er«, sagte Ainnle beleidigt, »er erhebt Anspruch auf das Teil, das ich getötet habe.«

»Hilf mir doch, Naoise«, bat Ardan. »Schlag dich auf meine Seite, kleine Deirdre.«

»Du bekommst als letzter«, sagte Deirdre entschieden, »und du bekommst ein zähes Stück.«

»Kummer über Kummer!« klagte er.

»Wie schmeckt dir dieses Stück?« erkundigte sich Deirdre strafend.

»Ich würde auch noch das Horn einer Kuh essen, wenn es gekocht wäre«, sagte er schmeichelnd. »Gibst du mir noch ein bißchen, kleine Schwester?«

»Ich gebe dir zehn Küsse«, sagte Deirdre.

»Stell dich nicht zwischen diesen Mann und sein Fleisch«, warnte Ainnle, »er wird dich beißen.«

»Nach dem Gesetz bist du mein Bruder, aber ich könnte mich ja auch von dir scheiden lassen«, rief der andere, »und dann würde es dir leid tun.«

»Du sagst gar nichts, Naoise!« rief Deirdre.

»Kein Mann kann mit vollem Mund sprechen... außer mir«, erklärte Ardan.

»Vor einer halben Stunde«, sagte Naoise, »sah ich ein Schiff, das auf das Land zusteuerte.«

»Ein Fischerboot?«

»Ich glaube, es war ein Boot aus Irland.«

»Was läßt dich das vermuten?«

»Es hatte den Schnitt eines irischen Bootes.«

»Wenn es jemand von unseren Freunden aus Irland ist«, sagte Ainnle, »müßten sie jetzt den Strand schon fast erreicht haben.«

»Wir haben keine Freunde in Irland«, erwiderte Deirdre kalt.

»Lauf zum Strand herunter, Ardan, mein Herzschlag, und sieh, wer mit dem Schiff kommt.«

Der Junge sprang auf.

»Wenn es Freunde sind, dann küsse sie. Wenn es Feinde sind, stiehl ihnen ihr Essen.«

Aber Deirdre überfiel Kummer, als sie auf die beiden Brüder hinsah.

»Was hast du, kleine Schwester?« fragte Ainnle.

»Ich hatte einen Traum gestern nacht«, erwiderte sie, »und er macht mir Kummer.«

»Wir teilen alles, also auch unsere Sorgen. Erzähl mir deinen Traum.«

Deirdre blickte fort, über das Meer hin.

»Ich träumte, es kämen drei Vögel von Emain Macha geflogen.«

»Glückliche Vögel«, sagte Naoise träumerisch, »sie können hin und her fliegen.«

»Alle drei hatten sie einen Tropfen Honig im Schnabel. Sie ließen die drei Tropfen Honig bei uns zurück und flogen fort mit drei Tropfen von unserem Blut.«

»Das Ende«, sagte Naoise, »ist nicht so süß wie der Anfang.«

»Wie deutest du diesen Traum?« fragte sein Bruder.

»Ich denke, drei Leute werden kommen und uns eine süße, täuschende Nachricht von Conachúr überbringen.«

»Ein Traum ist ein Traum«, beruhigte er sie.

»Und meine Träume?« rief sie. »Wie oft sind wir Unheil durch meinen Traum entgangen? Und wenn wir zurückblickten, haben wir nicht gesehen, daß geschehen ist, weshalb wir flohen? Das stimmt doch, Bruder?«

»Es ist wahr. Deirdre hat das zweite Gesicht.«

Naoise horchte in den Wind.

»Ich höre jemanden rufen«, sagte er.

»Es ist jemand aus dieser Gegend, der einen Jagdruf ausstößt«, antwortete sie.

»Das klingt eher wie der Ruf eines Iren.«

»Vielleicht kommt Ardan zurück.«

»Es ist nicht sein Ruf.«

»Es ist Fergus und seine beiden Söhne«, sagte Deirdre traurig, »sie kommen zu uns mit den drei Tropfen Honig in ihren Mündern.«

»Was Fergus auf der Zunge liegt, ist auch in seinem Herzen«, rief Naoise freudig. »Das eine oder andere Mal könnte selbst dein Traum unrecht haben, denn wenn Fergus der Bote ist, wird die Botschaft wahr sein, so, als sei sie seine eigene Wahrheit.«

»Denk daran«, sagte Deirdre, »ich habe dir gesagt, daß sie kommen, ohne sie gesehen zu haben.«

Fergus und seine beiden Söhne kamen über die Hügelkuppe. Ardan rannte um sie herum und stieß Freudenrufe aus. Hinter ihnen kam der Schildträger und der Schild selbst, und bei diesem Anblick lief auch Ainnle ihnen entgegen. Nur Naoise blieb bei Deirdre zurück, denn sie regte sich nicht.

»Es ist Fergus«, sagte er mit leuchtenden Augen.

»Er kommt, um unser Blut zu holen«, sagte mit weißen Lippen Deirdre.

»Königin der Königinnen«, lachte ihr Mann, »du kennst Fergus nicht.«

In diesem Augenblick kamen sie alle zusammen und küßten einander freundlich.

»Willkommen in diesem Land«, sagte Naoise.

»Und du mußt Deirdre sein!« rief Fergus, als er sie auf beide Wangen küßte.

Sie lächelte ein wenig, als sie seine Küsse erwiderte.

»Wir werden dich Lachen lehren in Irland«, sagte er.

»Welche Nachricht bringt ihr von dem lieblichen Land?« fragte ihn ihr Mann.

»Die beste. Die Nachricht, daß ihr dorthin zurückkehren könnt.«

»Ach ja!« sagte Naoise.

»Der König selbst schickt mich, um euch unter meinem Schutz heimzubringen.«

»Juchhe!« rief Ardan.

»Er bittet mich, dir zu sagen, daß er dir vergeben hat und dir Glück wünscht.«

Aber Deirdre wandte sich ihm zu, lächelnd und furchtsam. »Wir sind glücklich hier in Schottland«, sagte sie.

»Nicht doch«, sagte Fergus, »niemand, der im Exil lebt, kann zufrieden sein. Das Heimatland ist dem Menschen so teuer wie kein anderes.«

»Dies ist wahrlich ein Land, das man lieben kann«, erwiderte sie.

»Und man weiß doch auch«, fuhr Fergus fort, »daß ein Mann aus Irland, selbst wenn er die Herrschaft in einem anderen Land ausübte, doch unglücklich wäre, sofern er nicht Irland alle Tage sähe.«

»So ist es«, sagte Ainnle.

»Keiner weiß besser, daß dies die Wahrheit ist als die Söhne von Uisneac«, rief Naoise.

»Siehst du«, schalt sie der große Mann.

»Ich weiß, daß dies ein schönes Land ist«, sagte Deirdre eigensinnig, »aber hier wird sich für die Söhne von Uisneac das Schicksal erfüllen, das ihnen bestimmt ist.«

»Mag es so sein«, bestätigte Naoise. »Aber Irland ist mir dennoch lieber als Schottland.«

»Schottland ist sicherer«, sagte sie.

»Ihr werdet in Schottland auch nicht sicherer sein als an meiner Seite«, rief Fergus erstaunt. »Ich bin immer noch ein mächtiger Mann«, lächelte er.

»Wir gehen mit dir«, sagte Naoise.

»Geh nicht mit, mein Herzschlag«, sagte Deirdre sehr erregt, »du darfst Conachúr nicht trauen.«

»Frauen und Katzen mögen keine Veränderung«, lachte

Naoise, »aber du wirst dich noch eines Besseren besinnen.«
Eine halbe Stunde später liefen sie den Hügel hinunter und nach einer Stunde wurden schon die Segel gesetzt zur Fahrt nach Irland. Es war da, daß Deirdre ihr erstes Gedicht machte, welches mit den Zeilen beginnt:

Ein liebenswertes Land liegt dort im Osten,
das wunderbare Alba...

SECHSTES KAPITEL

Als sie sich dem Hafen näherten, wartete dort eine Gruppe am Landungsplatz, und diese Leute brachen in freudige Rufe aus, als das Schiff anlegte.
»Dieser Mann!« sagte Fergus, und zeigte auf einen, der etwas abseits stand und die Kommandos gab. »Ich kenne doch diesen Mann! Das ist Borach«, lachte er, »Er bewirtet seine Gäste mit Haifischen«, und er erzählte den anderen, was er über Borach auf dem Bankett gehört hatte. »Die Götter seien gepriesen«, murmelte er. »Wir können das Fest nicht abwarten, selbst wenn er uns eines anbietet.«
Als sie an Land gingen, kam Borach ihnen entgegengelaufen. Er küßte Fergus dreimal, und die anderen küßte er auch.
»Willkommen in diesem Land«, sagte er. »Ganz Irland heißt euch willkommen.«
Er schaute mit seinem schwarzen, von tief unten aufstei-

genden Blick Deirdre an und küßte sie, aber als sie ihn ansah, wandte er sich ab.
Es schien ihm unbehaglich zu sein, und all seine Bewegungen wirkten so berechnet und unfrei. Fast wild wandte er sich an Fergus: »Fergus«, sagte er, »es ist mir eine Ehre, dich in meinem Herrschaftsbereich zu sehen.«
»Du bist sehr freundlich«, sagte Fergus, »und ich verpflichte dich dazu, auch mich einmal besuchen zu kommen.«
»Ich bin so entzückt«, fuhr Borach hastig fort, »daß ich ein Fest für dich vorbereitet habe, wie ich es sonst nur für den König geben würde.«
»Der König sagte«, knurrte Fergus freudig, »daß du ein Festmahl für ihn vorbereitet hättest.«
»Dieses Festmahl widme ich dir«, sagte Borach.
»Was?« rief der Riese.
»Der König hat mich wissen lassen, daß er zu meinem Bankett nicht kommen kann, so soll die Ehre des Festmahles statt seiner dir zuteil werden.«
Fergus starrte ihn an: »Du warst doch mit dabei und hast gehört, was Conachúr befohlen hat... wir sollen ohne Verzögerung uns auf den Weg machen. Ich kann ja ein andermal kommen und mit dir feiern.«
»Ich bestehe darauf, daß du bleibst und bei mir eine Woche feierst«, grölte Borach.
»Du bestehst darauf«, murmelte Fergus voller Erstaunen.
»Ich erinnere dich an dein ges«, sagte er eigensinnig. »Du mußt bei mir eine Woche bleiben.«
Darauf wurde Fergus zu einer purpurfarbenen Masse, vom Scheitel seines Kopfes bis zu den Sohlen seiner

Füße, und sein Gesicht schwoll so an, daß die Umstehenden fürchteten, es würde bersten vom Übermaß und der Gewalttätigkeit seiner Wut. Borach wurde nervös, aber seine eigenen Männer waren um ihn, und obwohl er Fergus fürchtete, den König fürchtete er noch mehr.

»Ich bestehe darauf«, rief er, »und du kannst ein Fest, das dir freundlich angeboten wird, nicht ablehnen.«

»Eine Gemeinheit«, sagte Fergus. »Du kennst meinen Eid; du hast ihn mit angehört. Der König hat mich in deiner Gegenwart schwören lassen, daß ich sofort nach der Landung, sei es bei Tag oder Nacht, die Söhne des Uisneac zu ihm bringen soll. Und du bietest mir ein Fest an und hältst mich eine Woche auf! Was für eine hündische Tat ist das, Borach? Ist dir dein Leben nichts wert?«

»Freilich ist mir mein Leben etwas wert«, erwiderte Borach, »und«, er sah sich unter seinen Männern um, »ich werde mich vorzusehen wissen. Ich gebe dieses Fest für dich, Fergus.«

»Kommt mit mir auf die Seite«, sagte der aufgeregte Riese zu seinen Gefährten, »und laßt uns dieses Wunder bereden.«

»Was sollen wir tun?« fragte er.

»Es sieht so aus, als würdest du dich entscheiden müssen«, sagte Deirdre scheu.

»Was für eine Wahl bleibt mir, süße Königin?«

»Du mußt wählen, ob du das Fest im Stich läßt oder uns«, murmelte sie. Ihr Herz schien ihr zu schwellen, als sie sprach. Ihre Stimme klang nicht sicher. Sie war bestürzt und unglücklich, und ihr Gemüt war erregt.

»Wahrhaftig muß ich das eine oder das andere fahren lassen«, sagte Fergus.

Naoise und seine Brüder sahen den verschreckten Mann an.
»Lieber Recke«, bat Deirdre, »es wäre ehrenvoller, das Fest fahren zu lassen, statt uns mitten unter unseren Feinden zu verlassen.«
»Ich kann das Fest nicht aufgeben«, erklärte Fergus, »denn so lautet das Gebot der Götter: Man darf sein ges nicht brechen.«
Sie sahen zu ihm hin und blickten einander verstört an.
»Was immer er im Sinn hat, dieser Borach wird darauf bestehen, daß ich seine verfluchten Haie esse«, fuhr Fergus zornig fort. »Essen muß ich sie, aber meine Söhne sollen euch begleiten. Sie werden euch auf dem Weg nach Emain schützen.«
»Bei meiner Hand«, sagte Naoise, »damit hilfst du uns wenig! Den Schutz, den wir suchen, ist der deines Namens, deines Rufes und deiner Gegenwart. Jeder andere Schutz ist nicht viel wert; was es da zu schützen gibt, können wir auch selbst in die Hand nehmen.«
»Aber...«, sagte Fergus.
»Du hast uns nicht mit deinen Waffen gezwungen, hierherzukommen«, sagte Naoise, »wir kamen, weil du uns etwas versprochen hast.«
»Ihr seht das falsch«, sagte Fergus. »Meine Söhne verbürgen mein Versprechen, und mit ihnen werdet ihr so sicher sein, als wäre ich selbst mit dabei.«
Er wandte sich an Rauh-Rot Buinne und an Iollann den Schönen.
»Ist es nicht so?«
»Es ist so«, sagte Buinne.
»Der Rat-von-Ganz-Irland würde den Bruch einer so

ehrenwerten Versicherung nie hinnehmen«, sagte Iollann. »Man weiß darum im ganzen Land.«

»Und welcher Mann würde es wohl wagen, eine Garantie zu brechen, die ich gegeben habe?« fragte Fergus.

Naoise biß sich auf die Lippe. »Laßt uns gehen«, sagte er. Er warf einen gezielten Blick auf die Söhne des Fergus. »Ihr seid unsere Garanten«, sagte er, »und wir akzeptieren euren Schutz.«

Sie kehrten zu der Stelle zurück, wo der bös-beratene Häuptling wartete. Fergus blickte ihn an, bis aus ihm eine Masse Unglück geworden war.

»Ich werde bei euch Haie essen, weil ich muß, Borach«, donnerte er.

»Von was für Haien redet ihr eigentlich?« fragte Borach.

»Führt mich zu euren Fürchterlichkeiten der Tiefe«, sagte Fergus, »aber redet mir nicht mehr davon.«

SIEBENTES KAPITEL

Während die Reisenden dahinzogen, wurden sie mürrisch und nachdenklich. Selbst Ardan wirkte mutlos. Aber als sie in den Himmel über dem Land schauten, auf die Felder und die Hecken der irischen Landschaft, fiel etwas von ihrem Kummer ab, und einem jeden von ihnen erhellte sich das Herz.

»Liebes Mädchen«, sagte Naoise, und legte seinen Arm um Deirdres Schultern, »wir sind in Irland.«

Bei diesem Wort flog alles Elend aus Ardans Brust. Er wurde sogar übermütig und rempelte seinen Bruder Ainnle, während sie dahinmarschierten, gelegentlich an. Deirdre lehnte sich an ihren Ehemann.

»Ich hatte wieder Visionen«, sagte sie.

Sie deutete mit ihrer Hand zu Fergus' Söhnen hin, die ein paar Schritt vorausliefen.

»An ihnen hängt nun unsere Sicherheit!« sagte sie finster.

»Sie repräsentieren ihren Vater«, versicherte Noise.

»Sie repräsentieren nichts als sich selbst«, antwortete sie, »wenn uns ihr Vater schon wegen eines Festmahles verläßt, werden sie gewiß auch bei irgendeinem Streich, den sie vorhaben, davonrennen.«

»Es war sein ges«, sagte Naoise geduldig.

»Was auch immer«, sagte Deirdre.

»Wir sind völlig allein«, fuhr sie fort. »Wir haben keinerlei Unterstützung, und wenn wir in Emain Macha ankommen, sind wir völlig der Gnade Conachúrs ausgeliefert.« Sie faßte ihren Mann am Arm. »Du stehst auch unter einem ges, das besagt, du werdest nur in der Gesellschaft von Fergus zurückkehren. Er kann eine Woche aufgehalten werden. Laß uns hier lagern und warten, bis er mit uns kommt.«

»Mein liebes Kind«, sagte Naoise, »wir können diese guten Jungen nicht beleidigen.«

Deirdre war nun in schrecklicher Erregung.

»Ich fürchte mich, vor Conachúr zu treten, wenn Fergus nicht bei uns ist.«

»Seine Garantie ist bei uns.« Naoise wies auf die zwei jungen Leute. »Da ist sie, vier Beine, die kräftig ausschreiten.«

»Laß uns wenigstens zu Cúchulinns Festung Dun Dealgan gehen und dort warten, bis er oder Fergus mitkommt ... Wenn du dem zustimmst, werde ich nicht mehr klagen.«

»Fergus«, erwiderte er, »hat vor dem König versprochen, daß er uns, ohne auch nur eine Stunde Aufenthalt, zu Conachúr senden wird.«

»Und er hat auch versprochen, bei uns zu bleiben, aber sein Wort gebrochen.«

»Dann müssen wir das Wort für ihn gegenüber dem König halten«, sagte Naoise.

»Die Ehre eines anderen ist seine Sache. Dieser Vertrag wurde von ihm gebrochen, und dein ges wird nicht erfüllt, indem du seines einhältst. Laß uns nach Dun Dealgan gehen und Cúchulinns Schutz suchen.«

Naoise deutete auf die zwei, die vor ihnen marschierten. »Ich werde sie fragen, und wenn sie einverstanden sind, werden wir nach Dun Dealgan gehen.« Er rief die zwei und legte ihnen die Frage vor. Aber sie waren empört.

»Du hast kein Vertrauen zu uns«, sagte Buinne.

»Du vertraust nicht dem Wort unseres Vaters«, sagte Iollann.

»Wir sind in diese Situation geraten, weil dein Vater sein Wort nicht gehalten hat. Er hat uns verlassen, um ein Fest zu feiern«, rief Deirdre wütend.

»Alle Welt«, sagte Buinne, »kennt Fergus mac Roy. Jeder weiß, was es bedeutet, wenn man sich seinem Schutz unterstellt. Du weißt es«, sagte er zu Naoise, »nur deine Königin weiß es nicht.«

»Ihr habt recht«, sagte Naoise. »Wir können es ohne Furcht wagen, meine Taube.«

Am nächsten Tag erreichten sie auf ihrer Reise Slieve Fuat. Deirdre blieb zurück, und da die anderen miteinander sprachen, wurde ihre Abwesenheit lange nicht bemerkt. Naoise ging den Weg zum Weißen Hügel des Wachens zurück und fand sie schlafend in einer grasbewachsenen Mulde. Als sie aufwachte, sah sie ihn an, klammerte sich an ihn und weinte wild und bitterlich.

»Was hast du nur?« fragte er bestürzt.

»Ich hatte einen Traum«, schluchzte sie. »Ich hatte einen schrecklichen Traum.«

»Was hast du gesehen?«

»Ich sah Iollann enthauptet, und Buinne trug seinen Kopf noch auf seinen Schultern.«

»Sei doch froh«, lachte er, »daß wenigstens einer unserer Freunde dem Unheil entkommen wird, das du uns allen zugedacht hast.«

Sie blickte ihn abwesend an.

»Keiner unserer Freunde wird entkommen«, klagte sie. »Der Mann ohne Kopf kämpfte für uns, und der Mann, der seinen Kopf noch auf den Schultern trug, stand auf der Seite unserer Feinde«, flüsterte sie.

Naoise war bestürzt.

»Wie sehr hast du dich verändert, meine Liebste«, sagte er traurig.

Sie legte ihre Arme um ihn.

»Sprich doch nicht unfreundlich zu mir«, bat sie. »Dieser liebliche Mund sprach immer nur liebliche Dinge, und jetzt spricht er nur noch von Furchtbarem.« Sie legte ihre Hand auf seine Lippen. »Nein, nein«, sagte sie. »Sag nichts mehr. Oder sag nur, daß du mich liebst. Liebst du mich überhaupt noch?«

»Meine kleine Frau!« sagte er lächelnd. »All die Gefahren, die wir bestanden haben, haben dir Angst gemacht.«
»Ja«, stieß sie hervor, »ich habe schreckliche Angst. Ich sterbe vor Angst um uns alle. Wenn ich an Conachúr denke... er hat mich so angesehen, Naoise! Komm, laß uns nach Schottland zurückkehren. Dort werden wir sicher sein. Dort werden wir wieder glücklich sein. Wir werden jagen in den Wäldern von Cuan und Glen da Rua. Ich will auch nie mehr klagen, wenn du mit mir nach Schottland zurückkehrst. Laß uns doch gehen! Du und ich, und unsere Lieblinge, Ainnle und Ardan. Er ist noch zu jung, um zu sterben, unser Bruder Ardan. Er ist erst einundzwanzig Jahre alt. Er ist so ausgelassen, liebevoll und furchtlos. Wir werden wieder allein sein, wir vier, allein und glücklich. Hör doch! Wir werden jagen und Feste feiern und uns verteidigen und niemanden fürchten. Du wirst dort ein Königreich gewinnen: im lieben Alba auf den Hochländern voller Heide. Aber laß uns vor Conachúr fliehen! Du kennst ihn nicht. Nur ich und Lavarcham kennen diesen schrecklichen König. Er vergißt nicht. Er ist bitter und gnadenlos. Seine Erinnerungen wurzeln tief.«
Aber Naoise streifte ihre Hände ab. »Wenn du schon schlecht von anderen sprechen mußt«, sagte er kalt, »sprich so von Fremden, aber nicht von meinem eigenen Volk!«
»Ach, mein Ehemann!« sagte Deirdre. »Weh und Weh über alle von uns!« Sie erhob sich bekümmert. »Sei nicht böse mit mir. Erspare mir dieses letzte Unglück. Ich bin deine Frau, Naoise. Von mir aus kann Böses aller Welt geschehen, wenn damit das kleinste Unglück von dir ab-

gewendet wird. Ich bin nicht mehr Deirdre. Mein Name ist Elend.«

Aber er küßte und streichelte sie, strich ihr das Haar aus der Stirn und legte seine Hände um ihr Gesicht. »Wir sind nun einmal hier«, sagte er, »und was immer uns erwartet, wir müssen uns ihm stellen. Du kannst doch nicht von mir verlangen, daß wir davonlaufen.«

»Wir sind schon früher davongelaufen«, sagte sie, »und wir haben jetzt mehr Grund dazu, als wir es früher hatten. Die Spinne erwartet uns im Netz.«

»Du vergißt dabei immer, daß wir unter dem Schutz von Fergus stehen. Durch ihn schützt uns ganz Irland.«

Sie sah ihn fast zornig an. »Fergus«, stieß sie hervor. »Er ist ein Verräter, dieser Fergus. Der König benutzt ihn nur, um uns zu betrügen.«

Naoise biß sich auf die Lippe, und seine Augen wurden hart und verschattet. »Laß uns gehen«, sagte er. »Wir sollten Ard Saileach erreichen, ehe es Abend wird.«

ACHTES KAPITEL

Sie standen am Abhang eines Berges in dem mit runden Hügeln durchzogenen Land und schauten hernieder auf Emain Macha. Der Abend war schon fortgeschritten, und das letzte Sonnenlicht, ein Flackern von Gold, fiel zärtlich auf die Stadt, so daß der große, sich über zehn Morgen hin erstreckende Palast von Conachúr zurückleuchtete, als sei er selbst eine Sonne. Die großen

Bronzetüren, blankgeputzt wie Spiegel, strahlten wie feurige Seen. Die Glasfenster der Sonnigen Räume der Frauen waren wie blendende Teiche von Gold. Die Dächer, deren große Flächen rot, grün und orange gestrichen waren, glühten und funkelten in den milden Abend.
»Es ist gut, dies wieder einmal zu sehen«, sagte Naoise mit tiefer Stimme.
»Ich hatte es fast vergessen«, sagte Ainnle.
Aber Ardan hockte im Gras, starrte und starrte, mit seiner Seele in seinen Augen.
»Du hast die Stadt sieben Jahre nicht gesehen!« sagte Buinne.
Naoise zog Deirdre zu sich heran. »Bist du jetzt nicht zufrieden, mein Herz? Unsere Wanderungen haben ein Ende«, fuhr er zärtlich fort. »Nun sind wir nicht länger Ausgestoßene, und die lange Vagabondage ist vorbei. Du wirst endlich einmal in einem Bett schlafen«, lächelte er.
»Ach, mein Lieber!« sagte sie unsicher.
»Wir sind wieder daheim«, sagte er, und sein Herz füllte sich mit etwas, von dem er nicht wußte, ob es wirklich Freude war, die seine Zunge lähmte und seine Augen blendete, oder der Kummer der sieben langen Jahre, der plötzlich über ihn kam wie ein Winter.
Aber Deirdre war nicht glücklich. Sie merkte, wie Ainnle sich freute, sah die Ekstase in Ardans Augen.
»Ach,meine Lieben!« sagte sie.
»Meinst du immer noch«, sagte Naoise, »der König eines solchen Landes könnte verräterisch handeln?«
»Ich gebe euch ein Zeichen«, erwiderte sie traurig und sanft. »Wenn Conachúr uns diese Nacht in sein eigenes Haus aufnimmt, dann sind wir sicher.«

»Es war ja sein königlicher Wille, nach uns zu schicken«, sagte Ainnle, »und er wird uns, wie sich das gehört, im Königlichen Haus einquartieren.«
»Ihr armen vertrauensseligen Männer!« sagte Deirdre. »Conachúr wird nie in einem Haus wohnen, in dem ihr gewohnt habt. Er wird uns in das Haus des Roten Zweiges schicken.«
»Und wenn er das tut?« fragte Naoise.
»Dann«, rief Ardan, »bekommt mein Schwert eine neue Klinge. Auch die jetzige ist schon nicht schlecht.«
»Wenn wir in den Roten Zweig geschickt werden«, sagte Ainnle, »muß ich meine Klinge auch noch einmal abziehen.«
»Ich wende mich an Iollann und Buinne um Schutz«, rief Ardan empört. »Dieser Mann läßt einen arbeiten, als sei man ein Pferd«, klagte er.
Naoise wandte sich an die beiden Söhne des Fergus.
»Wenn wir in den Roten Zweig geschickt werden, was gedenkt ihr zu tun?«
»Wir kommen mit euch«, sagte Buinne.
»Das Haus des Königs ist immer voller Gäste«, sagte Iollann. »Er kann ja nicht wissen, wann wir ankommen. Vielleicht hat er keinen Platz für uns, wenn er es jetzt erst erfährt.«
»Es gibt nichts, was Conachúr nicht weiß«, sagte Deirdre. »Borach wird einen Läufer geschickt haben, um unsere Ankunft zu melden. Und seine Spitzel haben dem König mitgeteilt, wo wir Nacht für Nacht lagerten und wann wir am Morgen aufgebrochen sind. Er weiß, daß wir hier sind, und wenn er uns in den Roten Zweig schickt, sind wir verloren.«

»Ich bin neugierig wie ein altes Weib«, lachte Naoise. »Wir wollen weitergehen und sehen, was geschehen wird.«
Kurze Zeit danach befanden sie sich in den Straßen und Gassen um Emain Macha, aber das Zwielicht hatte sich schon herabgesenkt, und die Vorübergehenden erkannten die sechs Reisenden nicht.
»Dort drüben liegt das Haus des Gefleckten Zweiges, die Waffenkammer«, sagte Ainnle. »Die Jungmannschaft wird bald zu Bett gehen. Erinnerst du dich noch an jene Nächte, und an all das Palaver?«
»Wie wir mit einem Seil zum Fenster hinausgeklettert sind«, sagte Ardan, »und dann wieder zurück, während die Kameraden den Wachen allerlei auf den Kopf warfen, als sie versuchten, uns mit ihren Speeren in den Hintern zu pieksen beim Hinaufklettern.«
»Dort drüben liegt der Rote Zweig«, sagte Naoise.
»Ist er wirklich voller Schädel toter Männer?« klapperte Deirdre mit starren Lippen.
»Gewöhnlich sind es nur ein oder zwei«, sagte er sorglos. »Meistens Männer aus Connacht.«
»Sehr haarige, bärtige Schädel«, sagte Ardan. »Ich kann mich noch daran erinnern. Mit der Zeit werden sie immer haariger und bärtiger, und zum Schluß«, erklärte er Deirdre, »ist da überhaupt kein Schädel mehr, kein Gesicht, nur wirres krauses Haar, so lang wie das einer Frau.«
»Ganz falsch«, sagte Ainnle. »Das Haar eines toten Mannes wird ganz glatt und lang wie ein Trunk Wasser.«
»Puh!« sagte Ardan. »Du erinnerst dich auch an alles. Du bist der große Mann von Welt. Der Wind verknotet und

verdreht sie, und zum Schluß sehen sie aus wie eine Türmatte.«

»Dort drüben liegt Conachúrs Haus, der Königliche Zweig«, sagte Naoise.

»Wir werden mal an die Tür donnern, damit sie sich bewegen«, sagte Ainnle ausgelassen.

»Ich geb ihr einen Tritt«, sagte Ardan.

Naoise klopfte donnernd an. Die Tür öffnete sich, eine Wache erschien.

»Wer fordert Einlaß zu dieser Stunde?« fragte der Mann.

»Die Söhne des Uisneac.«

Die Wache blickte starr. »Kommt herein, Edle. Setzt euch einen Augenblick, während ich mir meine Befehle hole.«

»Gib dem König Nachricht«, sagte Buinne, »daß unter dem Schutz von Fergus mac Roy jene, die der König herbat, eingetroffen sind.«

Der Haushofmeister Scel, Sohn des Barnene, erschien.

»Der Haushalt hat sich schon zur Ruhe begeben«, sagte er. »Der König übermittelt sein Bedauern und seine höflichen Grüße. Er hat Anweisung gegeben, daß die Gäste für diese Nacht im Roten Zweig untergebracht werden. Eine Wache wird euch dahin begleiten.«

Er gab dem Hauptmann der Wache einen Wink, der seine Männer antreten ließ.

»Vergiß nicht, dein Schwert zu schleifen«, sagte Ardan zu seinem Bruder.

»Erspar dir deine Witze, Faulpelz«, erwiderte Ainnle.

»Man tut seine Arbeit und benimmt sich respektvoll gegenüber den Älteren.«

»Ist dieser Mann nicht ein Tyrann?« sagte Ardan. Er

wandte sich an den Hauptmann der Wache. »Haltet mich von diesem Menschen fern, guter Mann«, bat er.
»Ich stehe zu euren Diensten, meine Herren«, sagte der Hauptmann lächelnd.

NEUNTES KAPITEL

Aber Conachúr hatte sich nicht zurückgezogen. Er saß in dem zentralen Raum, im Herzen seines monströsen Palastes, und die große Kristallkugel schwang neben seiner Schulter. Er starrte schon seit Stunden darauf und sah nichts. Auch Lavarcham war da. Sie saß ergeben auf einem Schemel.
»Füll mir meinen Becher«, sagte Conachúr. »Ich bin durstig heute abend, mein Herz. Ich könnte ein Meer austrinken, und der Durst würde nicht gestillt werden.«
»Ihr macht Euch Sorgen, Herr. All diese Geschäfte haben Euch aufgeregt.«
»Und dich? Bist du nicht aufgeregt bei dem Gedanken, daß du dein Kleines jetzt wiedersehen wirst?«
»Ich habe mich in diesen sieben langen Jahren um so viele Dinge gekümmert, Herr, daß ich sie fast vergessen habe. Sie ist einfach aus meinem Bewußtsein verschwunden, und jetzt ist es mir eigentlich gleichgültig, ob ich sie sehe oder nicht sehe.«
»Ich dachte, du liebtest dein Kleines!«
»Sie ist ja gar nicht mein Kind. Felimid mac Dalls Weib hat sie geboren.«

»Ist das so?« überlegte Conachúr. »Ich hatte die alte Geschichte fast vergessen.«
»Ich machte mir nur die Mühe, sie aufzuziehen. Dann bin ich von ihr enttäuscht worden«, sagte sie bitter.
»Du hast meinen Becher nicht gefüllt, Lavarcham.«
»O doch, Herr, aber Ihr habt ihn schon wieder geleert.«
»Fülle ihn wieder, meine gute Freundin... Ach, sie war schön, Lavarcham! Sie war eine solche Freude und ein solches Wunder!«
»Junge Mädchen sind nun einmal schön, solange sie jung sind, Herr, aber nach ein paar Jahren sehen sie aus wie andere Leute auch.«
»Meinst du wirklich?«
»Sie werden fett oder mager. Nicht die Mädchen sind schön, sondern die Jugend ist schön.«
»Und ich bin siebenundvierzig Jahre alt! Die Jahre vergehen und sie tun mir etwas an. Aber bei ihr hat die Zeit nur bewirkt, daß reif wurde, was unreif war. Die grüne Frucht ist ausgereift, Sonne und Wind haben sie leuchtend gemacht. Wie alt ist sie jetzt, Frau?«
»Sie ist sieben Jahre älter, was die Zeit angeht, aber zwanzig Jahre älter durch das, was sie durchgemacht hat. Sie wird vergessen haben, wie es ist, in einem Bett zu schlafen und eine ordentliche Mahlzeit zu essen.«
»Sie wird sich bestimmt verändert haben«, sagte Conachúr. Die Erinnerung an einen bestimmten Augenblick kehrte zu dem großen Mann zurück und stachelte ihn an. »Wie sie nur aussehen mag nach all den Jahren in einem feuchten Graben oder in einem Sumpf?«
»Ach je!« sagte Lavarcham.
»Sie wird sich über zerklüftete Hügel geschleppt ha-

ben... mit einem dünnen Bauch und einer aufgesprungenen Lippe. Sie wird mit dem Finger im Mund geschlafen haben, damit er warm bleibt im Winter. Sie wird mager, rothäutig und windgesichtig geworden sein. Die Bogen ihrer Füße werden nachgegeben haben vom vielen Gehen, ihre Knie werden ihr weggesackt sein wie bei einem alten Mann, der pflügt. Meinst du, daß jene, die Kummer bringt, so aussieht, Lavarcham?«
»Ich glaube, Herr, sie wird jetzt eine lange, dünne, harte Frau sein. Rheumatisch...«
»In der Nacht wird sie aufwachen und wie ein krankes Pferd husten«, sagte der König vergnügt.
»Ich wünschte, ich brauchte sie nicht zu sehen«, sagte Lavarcham bitter.
»Ich wünschte, ich auch nicht«, sagte Conachúr. »Laß sie gehen. Mein Becher!« murmelte er. »Lavarcham, du sorgst nicht gut für mich.«
Wieder wurde er mürrisch.
»Wenn ich nicht der König wäre, würde ich mich zum Roten Zweig stehlen und mir die Ruine ihrer selbst durch ein Fenster betrachten. Ich würde gern sehen, daß sie ausgezehrt erscheint und niedergeschlagen... Geh du, Lavarcham; die Wachen kennen deine Vorrechte. Schau durch das Fenster und erzähl mir dann, was du gesehen hast.«
»Ich will sie nicht sehen, Herr. Laßt sie bei den Leuten, die sie gewählt hat, und sie soll uns nicht länger beunruhigen.«
»Geh immerhin und erzähle mir alles, was du gesehen hast. Füll mir meinen Becher! Schau sie dir gut an, meine Seele, damit du mir auch wahrheitsgemäß berichten

kannst. Verweile dich nicht, denn ich werde auf dich warten. Ich bin einsam heute nacht, Frau. Ich bin sehr allein. Schick mir einen Mann von der Wache herein, damit er mir den Becher auffüllt.«

Mit dem Ausdruck von Unbehagen, ja von Ärger, machte sich Lavarcham daran, ihren Auftrag auszuführen.

»Setz dich her und mach dir's bequem«, befahl der König der Wache, die hereinkam. »Schau nicht auf den Boden, gute Seele, und nicht an die Decke. Ach nein, stell dich hinter meinen Stuhl, und wenn der Becher leer ist, füll ihn wieder auf.«

Der verwirrte Soldat trat dankbar hinter den Stuhl, und der König verfiel wieder in sein jammervolles Nachdenken.

»Wache«, sagte er.

»A Ri Uasal!«, brüllte die Wache.

»Hast du je in einen Kristall geschaut?«

»Nie, mein König.«

»Schau in diesen Kristall, mein Freund. Kannst du etwas erkennen?«

»Ich sehe nur Nebel.«

»So war es drei Tage lang. Schau noch einmal, guter Junge.«

»Ich glaube, ich sehe das Gesicht einer Frau.«

»Was für einer Frau?«

»Es ist fort, Majestät.«

»Wie sah sie aus?«

»Sie hatte das lieblichste Gesicht, das je die Welt erleuchtet hat. Es kam mir vor wie das Gesicht der Himmelsfrau oder einer Feenprinzessin.«

»Setz dich auf diesen Schemel und füll meinen Becher. Wie alt bist du, Wache?«

»Zweiundzwanzig Jahre, Majestät.«

»Wie heißt du?«

»Ich werde Starke Faust genannt, Herr.«

»Ich erinnere mich, Trendorn. Du bist mein Leibeigener. Schon dein Vater war mein Mann. Wie ist er gestorben?«

»Er wurde von Naoise, dem Sohn des Uisneac, getötet, Herr.«

»Ich erinnere mich«, sagte Conachur, »und deine beiden Brüder?«

»Sind auch von Naoise getötet worden.«

»Denkst du daran noch?«

»Wie könnte ich es vergessen, Herr?«

»Es gibt Dinge, die man nicht vergessen sollte, Wache. Hättest du Lust, es diesem Naoise heimzuzahlen?«

»Wenn sich Gelegenheit dazu ergäbe, ich würde es tun, Herr.«

»Er ist im Roten Zweig«, sagte Conachúr. »Er ist dort mit der Frau, deren Gesicht du im Kristall gesehen hast. Geh für mich dort hin, guter Mann, schau durchs Fenster. Achte darauf, daß niemand es bemerkt, denn das sind mörderische und schlaue Männer. Und wenn sie dich sehen, ist es mit dem Atmen für dich vorbei.«

Die Wache stand mit stierem Blick da. »Und wie kann ich mich an Naoise rächen?« fragte er.

»Jedes Ding zu seiner Zeit, gute Seele. Du würdest nicht begreifen, was der König vor hat. Aber dies ist der erste Schritt, und der zweite Schritt wird in kurzer Zeit folgen. Klettere zum Fenster hinauf und schau dir die Frau gut an, die mit Naoise zusammen ist. Komm dann zurück und berichte mir, wie sie aussieht. Du hast doch schon Frauen zuvor gesehen, oder?«

»Das habe ich, Majestät.«

»Dann weißt du ja, worum es geht; du weißt, wie eine Frau aussieht. Geh, füll mir den Becher, Wache, und dann mach dich auf deinen Weg.«

ZEHNTES KAPITEL

Immerhin«, sagte Ardan, »so schlecht behandeln sie uns nicht. Zu essen ist da in Hülle und Fülle.«

»Und es gibt Betten in den Alkoven«, sagte Ainnle.

»Wir werden heute nacht gut schlafen«, sagte Deirdre und brach in Tränen aus.

Alle saßen sie jetzt wie betäubt da, und jedem kam es vor, als habe ein eiskalter Wind ihn berührt.

»Verzeiht«, sagte Deirdre. »Ich werde nicht mehr klagen. Laßt uns etwas essen.«

»Ich werde essen, essen und noch einmal essen«, sagte Ardan, »ich bin so hungrig, daß ich brüllen könnte über meinem Essen.«

»Also sollst du zuerst etwas bekommen, kleiner Ardan«, sagte Deirdre, »und wenn da ein zartes Stück ist, will ich es dir geben.«

»Unser Buinne ist vielleicht sogar noch hungriger als ich. Gib ihm das erste Stück.«

Deirdre sah freundlich zu Buinne hin, aber wie sie ihn

anschaute, weiteten sich ihre Augen, und sie wurde weiß bis an die Lippen. Sie sprach zu ihm mit einem scheuen Lächeln: »Du sollst das erste Stück haben, Buinne.«
»Ich nehme, was kommt«, sagte Rauh-Rot Buinne.
Deirdre sank in ihren Stuhl zurück.
»Naoise, mein Lieber«, sagte sie, »bitte schneide du für mich vor, mir ist übel.«
»Buinne ist vernünftig«, sagte Naoise. »Er hat einen Kopf auf den Schultern.«
Er rutschte beim Vorschneiden ab und warf einen raschen Blick zu Deirdre hin.
»Erste Portion«, fuhr er ernst fort, »sie ist für Buinne. Die zweite für Iollann, die dritte für Deirdre, die vierte für Ainnle, die fünfte für Ardan, die sechste für Naoise.«
»Mein Stück muß das zarteste sein«, sagte Ardan selbstgefällig, »Deirdre hat es versprochen. Tritt für mich ein, kleine Deirdre!«
»Ardan, mein lieber Bruder«, sagte Deirdre, »komm und gib mir meine zehn Küsse.«
»Ich werde nichts bekommen, wenn er austeilt«, klagte er und wandte sich zu ihr um.
Sie aßen ihr Mahl und setzten sich zu einem Spiel Schach... das heißt: Deirdre und Naoise spielten, während die anderen dem Spiel zusahen. Da hörten sie an der Tür, die ihnen am nächsten lag, ein Geräusch. Naoise hielt gerade eine Figur zwischen den Fingern.
»Geh, Ainnle, und frag, wer da ist.«
»Es ist die Stimme einer Frau«, sagte Ainnle.
»Laß sie hereinkommen.«
Die großen Riegel wurden zurückgestoßen und Lavarcham trat ein.

»Mein Kleines, mein Schatz!« rief sie und rannte auf Deirdre zu.

»O meine liebe Mutter!« sagte Deirdre.

»Ich habe keine Zeit«, keuchte Lavarcham. »Ich muß zurück zum König. Ich sollte euch durch das Fenster beobachten.«

»Ist Gefahr, Mutter?«

»Schreckliche Gefahr. Die Männer von Conachúrs Haushalt stehen bewaffnet im Haus des Gefleckten Zweiges bereit, und die Tore dieses Gebäudes werden alle bewacht. Er wird angreifen, ehe der Morgen kommt. O Deirdre, Deirdre, wie konntest du nur hierherkommen, da du doch weißt, was Conachúr für ein Mensch ist? Welcher Wahnsinn hat dich aus Schottland heimkommen lassen, Kind? Freust du dich, daß du mich siehst? Liebst du deine Mutter noch, Deirdre? Ich habe dem König gesagt, Not und Sorgen hätten dich ruiniert; aber ach, du bist schöner denn je. Ich werde ihm sagen, du seist einäugig und lahm. Ich werde ihm alles mögliche erzählen, um ihn für diese Nacht zu beruhigen. Morgen früh werden Naoises Leute die Nachricht von eurer Rückkehr erhalten haben; dann wird er sich vielleicht fürchten anzugreifen. Wenn ich ihn nur für diese Nacht beruhigen kann! Er trinkt. Vielleicht wird er schlafen gehen. Ach, mein Liebling, meine einzige Liebe! Ich muß mich beeilen. Haltet alle Türen verriegelt. Öffnet keinem mehr. Ich werde Boten an die Sippe der Uisneacs schikken. Küß mich noch einmal. Ach, du Liebe all meiner Lieben! Ich muß mich beeilen.«

»Ainnle, Ardan, lauft zu allen Türen. Seht nach, ob sie sicher sind«, sagte Naoise.

Er wandte sich an Buinne und Iollann. »Euer Vater könnte zu spät kommen, um uns zu helfen. Ich entlasse euch aus eurer Schutzverpflichtung.«
»Ich bleibe bei dir«, sagte Buinne.
»Ich auch«, sagte Iollann.
»Gute Kameraden!« rief Naoise, und seine Augen funkelten vor Freude und Dankbarkeit.
»Wir sind fünf«, sagte er, »geübt im Umgang mit Waffen seit dem Augenblick, da wir laufen konnten. Kein Mensch mit unseren Fähigkeiten wird sich gegen uns stellen, kein Edelmann in Irland würde an einem solchen Angriff teilnehmen. Bleiben also nur die gemeinen Soldaten. Harte Männer, aber so geschickt in unserem Gewerbe wie Bauern. Sie werden nicht hereinkommen, denn der Rote Zweig ist so gebaut worden, daß man nicht einbrechen kann. Diese bronzenen Türen...«
»Die Fenster«, sagte Ainnle.
»Gott gnade dem Mann, der durch ein Fenster hereinzukommen versucht«, sagte Naoise. »Außerdem, sie sind zu hoch. Ein Mann würde sich die Beine brechen, wenn er von dort oben herabspränge.«
»Feuer«, sagte Ardan.
»Conachúr wird nicht seine eigene Festung verbrennen.«
»Da ist ein Mann am Fenster«, sagte Deirdre.
Naoises Hand fuhr zum Tisch. Er griff eine der schweren Schachfiguren aus Gold und Elfenbein, und mit einer raschen Bewegung warf er sie. Sie schlug oben durch das Glas. Ein Schmerzensschrei drang von draußen herein.
»Mein Auge, mein Auge!« klagte eine Stimme.
»Der schaut so bald nicht mehr durch ein Fenster«, sagte Ainnle.

»Conachúr hat sich verschätzt«, sagte Naoise. »Wir können es hier bis zum Morgen aushalten, und wenn Lavarcham meine Leute benachrichtigt, werden sie über Conachúr herfallen wie Wölfe, und andere werden ihnen dabei helfen.«

»Die Leute des Fergus mac Roy werden an ihrer Seite sein«, rief Buinne.

»Dieser König wird zu spüren kriegen, was es bedeutet, sich an jemandem zu vergreifen, der unter meines Vaters Schutz steht«, rief wütend Iollann.

»Na bitte«, sagte Naoise freudig, »wir sind hier so sicher wie in Schottland.«

»Wenn wir nur dort so sicher gewesen wären«, sagte Ardan mit einem Lachen. »Buinne, meine Seele, wir waren von morgens bis abends auf der Flucht. Wir mußten im Laufen essen. Wir sind sogar noch gelaufen im Schlaf. Ich sage dir, in den sechs Jahren habe ich mich nicht für eine Minute so sicher gefühlt wie in dieser Minute, da wir feste Wände um uns haben und Lebensmittèl genug, um eine Belagerung von einer Woche durchzustehen. Die Götter mögen gepriesen sein«, sagte er ehrfürchtig, »wir könnten gar nicht fliehen, auch wenn wir müßten.«

Die Gruppe der jungen Männer brach in Gelächter aus, und Deirdre fiel froh mit ein.

ELFTES KAPITEL

Es ist, wie Ihr es Euch vorgestellt habt, Herr«, sagte Lavarcham, »das Mädchen ist ruiniert.«

»Hast du sie gesehen?«

»Ihre Wangen sind hohl und ihre Augen sind rot. Sie kann einen dauern, Herr. Ich werde sie morgen besuchen.«

»Du wolltest sie doch nicht mehr sehen«, sagte der König.

»So war es«, erwiderte sie unterwürfig. »Aber mein Herz empfand Mitleid, als ich ihr Elend sah.«

»Und die jungen Leute?«

»Es sind kräftige junge Leute, Herr.«

»Und die Wachen, die ich aufgestellt habe?«

»Sie sind auf ihrem Posten.«

»So endet eine Geschichte und sieben meiner armen Jahre...!« sagte Conachúr. »Wie sieht sie aus, Frau?«

»Sie ist dünn und hager. Sie lehnt am Tisch, als laste alles Elend der Welt auf ihren Schultern.«

»So, so«, sagte Conachúr. »Und darum quälen wir uns, verschwenden unsere Jahre und unser Mark! Füll meinen Becher, Lavarcham. Laß die Jahre vergehen, wir sind Narren und Kinder. Leg dich schlafen, meine Freundin, und laß mich meine närrischen Jahre und all meine Torheit beklagen.«

»Nein, geht auch zu Bett, lieber König«, sagte Lavarcham. »Heute nacht werdet Ihr Schlaf finden, denn der böse Traum hat ein Ende. Er wird Euch nicht mehr quälen. Morgen ist ein neuer Tag, und er hat alles, was die Welt einem König zu bieten hat.«

»So ist es«, sagte Conachúr. »Das ist die letzte dieser Nächte. Geh zu Bett, gute Seele. Ich will mich auch bald schlafen legen.«

Lavarcham verließ den Palast, bedrückt von Trauer und Furcht, aber mit einer Hoffnung. Insgeheim hatte sie Boten an die Familie der Uisneac und an jene von Fergus mac Roy ausgesandt. Die sollten die Häuptlinge warnen; und als sie schlief, war sie zu glücklich, um auch nur daran zu denken, was der König tun würde, wenn er ihren Verrat entdeckte. Das würde ohnehin erst morgen sein.

Aber der König schlief nicht.

»Ich will noch abwarten, was meine Wache meldet«, sagte er, »vielleicht kann ich dann schlafen.«

Die Wache kam stöhnend und hinkend herein.

»Was ist Euch, Mann?« fragte der erstaunte König.

»Naoise«, stammelte die Wache. »Er hat mir mein Auge ausgeschlagen.«

Er nahm die Hand vom Gesicht, und da war nur noch ein Auge. Wo das andere gewesen war, klaffte eine blutige Wunde.

»Hab ich's dir nicht gesagt«, rief der König wütend, »das sind mörderische Männer. Hast du wenigstens erledigt, was ich dich geheißen habe.«

»Es war die Frau, die mich entdeckte«, stammelte die Wache.

»Sie sagte es dem Mann, und ehe ich mich noch bewegen konnte, warf er eine Schachfigur nach mir und diese schlug mir das Auge aus dem Kopf. Ich habe mir das Bein gebrochen, Herr, als ich vom Fenster herunterfiel.«

»Du wärest besser Hirte geworden als Soldat«, sagte der König grob. »Nun hast du nur noch ein Bein, ein Auge, und dumm bist du noch dazu. Leg dich ins Bett und paß auf, daß du dir nicht noch die Kehle durchschneidest, wenn du dir die Stiefel ausziehst. Wie sah die Frau aus?«

»Welche Frau, Majestät?«

»Die Frau, die du dir ansehen solltest.«

»Sie sah aus wie die Frau, die ich in dem Kristall gesehen habe.«

»Das weiß ich. Aber wie sah sie genau aus, Dummkopf?«

»Sie sah aus wie die schönste Frau auf der Welt.«

Conachúr wandte seinen großen Kopf dem Soldaten zu und sah ihn mit weit aufgerissenen Augen an.

»Überleg dir gut, was du sagst, Wache. Wie hat die Frau ausgesehen? War sie dünngesichtig, ist sie bleich, hager, elend?«

»Das ist sie nicht, Majestät. Sie hat rote Lippen, ist schönäugig und herrlich. Sie ist die schönste Frau unter der Sonne.«

»Setz dich da auf den Schemel. Denk einen Augenblick nicht an dein Auge. Wir werden uns danach darum kümmern. Beantworte jetzt genau meine Fragen. Sah die Frau jung oder alt aus?«

»Sie sah jung aus wie eine Braut.«

»Sind ihre Wangen mager?«

»Sie sind nicht dünn; sie sind rund und rosig.«

»Sind ihre Augen rot und eingesunken?«

»Sie sind klar wie süßes Wasser, Majestät. Wenn ich in sie geschaut hätte, wäre ich nicht mehr davongekommen. Aber dazu kam es nicht, weil Naoise die Schachfigur warf.«

»Ihr redet verwirrt«, sagte Conachúr ernst.
»Ich hätte gewünscht, mit meinem anderen Auge auch noch einen Blick auf sie werfen zu können«, sagte die Wache grob.
Conachúr sprang wütend auf.
»Man wird sich um dich kümmern«, sagte er. »Geh jetzt zu Bett. Der Arzt wird zu dir kommen. Ein Kamerad wird dir helfen ... Ho, da!« brüllte er. »Ho, da! Die Wachen!«

ZWÖLFTES KAPITEL

Was hast du gehört, Ardan?«
»Große Füße und viele davon.«
»Sind die Türen gesichert?«
»Alle Riegel sind vorgelegt.«
»Und die Tür, auf die es uns ankommt ... ist bei ihr nur der eine Riegel geschlossen?«
»Ja. Er spielt leicht und ist gut geölt. Man kann ihn öffnen und schließen wie der Blitz.«
Man hörte ein lautes Kommando und einen Augenblick später ein donnerndes Klopfen. Naoise ging zur Tür.
»Wer ist dort?«
»Die Männer des Königs.«
»Was wollt ihr?«
»Wir wollen die Frau, die bei dir ist.«
»Ist das alles, was ihr wollt?«
»Wir wollen Naoise, den Sohn des Uisneac.«

»Sie sind beide hier«, sagte Naoise.
»Öffnet die Tür!« befahl die Stimme.
»Nicht doch«, lachte Naoise, »wie kämen wir dazu, Eure Arbeit zu tun, guter Mann?«
Für den Moment kam keine Antwort. Man hörte aber Stimmen, und dann sagte jemand: »Ihr anderen, Ainnle und Ardan und die Söhne des Fergus, öffnet diese Tür, und ihr sollt frei ausgehen.«
Naoise sah seine Gefährten ernst an.
»Das ist der notwendige zweite Teil«, sagte Buinne und legte sich seinen Schwertgürtel um.
Naoises Brüder nahmen gar keine Notiz von dem, was gesagt worden war, aber ihre Gesichter bekamen ein wildes Aussehen. Ihre Augen wurden schmal und funkelten.
»Iollann und Deirdre, behaltet die Fenster im Auge«, gebot Naoise.
Iollann nahm eine Schleuder in die Hand und Deirdre griff sich eine andere mit einem Kupferbolzen.
»Wenn«, sagte die Stimme, »Deirdre herauskommt, ziehen wir ab.«
»Die Fenster«, warnte Naoise. »Sie reden nur, um uns abzulenken.«
Deirdre schoß, und ein wildes Geheul zeigte, daß der Bolzen getroffen hatte.
»Dacht ich mir's doch«, sagte Naoise. »Durch die Fenster kommen sie zwar nicht herein, wegen der Gitter, aber sie werden versuchen, uns von dort mit Pfeilen zu beschießen, wenngleich das nicht so einfach ist.«
»Ja dann«, sagte Ainnle, »können wir uns ja schlafen legen.«

Eine Serie von Donnerschlägen dröhnte von der Tür her.
»Eine Ramme«, sagte Buinne.
»In einer halben Stunde hätten sie es geschafft, selbst diese Türen einzustoßen«, sagte Naoise. Er wandte sich an seine Gefährten. »Ardan, du wirst den ersten Ausfall machen. Sie werden nicht darauf vorbereitet sein, mein Junge, denn sie können nicht die Ramme bedienen und gleichzeitig Wache halten. Kümmere dich nicht um die Männer an der Ramme. Sie werden unbewaffnet sein. Aber hinter ihnen steht eine ganze Masse von Männern. Weißt du, wie weit ein Mann in einen solchen Haufen eindringen kann? Es hängt von seinem Schwung ab. In dem Augenblick, wo du spürst, daß es nicht mehr vorangeht, zieh dich zurück. Wenn du zwei Armlängen von der Tür entfernt bist, wird Ainnle rufen. Dann wende dich um und renne. Wir werden danach die Tür sofort wieder schließen. In dem Augenblick, in dem die Tür zufällt, stößt du, Buinne, den unteren Riegel vor. Mit der rechten Hand werde ich den mittleren Riegel schließen und mit der linken den oberen. Bist du fertig, Ardan? Hör mir noch einmal zu. Die Männer unmittelbar vor dir werden zunächst einen Schritt zurückweichen, ehe sie dir nachkommen. Kämpfe deshalb gegen Rechts, sichre deine Linke mit dem Schild, und wenn ein Gedränge entsteht, nimm die scharfen Kanten zu Hilfe. Der Mond steht hoch, und du wirst gut sehen können. Keine Dummheiten, Junge. In dem Augenblick, in dem du nicht mehr ohne Anstrengung vorankommst, mach kehrt. Hau mit der Klinge um dich, und wenn Ainnle ruft, lauf.«
Er wandte sich wieder um.

»Buinne, geh an die Riegel. Iollann, Ainnle, Deirdre, ihr stellt euch so auf, daß ihr die Männer an der Ramme mit euren Schleudern trefft, sonst schneiden sie ihm den Rückzug ab.«

Unter dem Donner der Ramme und dem wilden Geschrei der Belagerer wurden die Riegel halb zurückgezogen.

»Fertig jetzt«, sagte Naoise. »Bist du bereit, Ardan?«

Ardan nahm seinen Schild auf die Linke und kauerte sich hin.

»Guter Junge«, sagte Naoise. »Jetzt, Buinne, den Riegel ...«

Sie rissen die große Tür sperrangelweit auf, und Ardan schoß hinaus wie ein Pfeil.

»Eure Schleudern, Kinder«, sagte Naoise. »Halte mich auf dem laufenden, Ainnle. Ich muß mich hinter die Tür stellen.«

»Jetzt ist er da und unter ihnen, ah ...«, sagte Ainnle, und er schoß mit der Schleuder. »Er hat vergessen zuzustoßen, und schneidet jetzt. Danke, Iollann, für diesen Schuß. Sein Schild arbeitet ausgezeichnet, Bruder. Weiter sollte er nicht, hoffentlich merkt er's. Jetzt kommt er zurück. Jetzt stößt er zu, statt mit dem Blatt um sich zu hauen und sich den Rückweg freizukämpfen. Dieser Mann an der Ramme, Iollann. Den da nehme ich. Und der da kriecht, ist für dich, Schwester. Jetzt ruf ich gleich.«

»Ardan!« brüllte er.

Der Junge ließ vom Kämpfen ab wie ein Hund, der eine Kröte fallenläßt. In drei Sekunden war er durch die Tür, und nach der vierten war die Tür wieder zugeschlagen.

Naoise stand lang und hager vor seinem jüngeren Bruder.
»Guter Junge«, sagte er. »Gut gemacht, Ardan.«
»Ich muß eine Million von ihnen getötet haben«, sagte Ardan.
Ein wilder, wütender Schrei kam von draußen herein.
»Sie werden langsam munter«, sagte Naoise. »Wir müssen ihnen Beschäftigung verschaffen. Jetzt bist du an der Reihe, Ainnle. Gib deine Schlinge nun Ardan.«
Ainnle schoß auf das eine Fenster und Deirdre auf das andere. Man hörte zwei laute Schreie.
»Ob sie nun getroffen worden sind oder nicht, sie werden sich ihre Schädel brechen vom Sturz«, sagte Naoise. »Die Fenster könnt ihr vergessen. Kommt zu dieser Tür.«
»Warum kann ich nicht rausgehen?« fragte Buinne.
»Du und ich, wir sind die beiden schwersten Brocken, mein Herz. Und wenn das rechte Kämpfen erst anhebt, gibt es für uns noch genug zu tun. Dies ist nur das Vorspiel für die Jungen. Ainnle, hör jetzt genau zu. Du schlüpfst durch diese Tür hinaus und läufst, und während du läufst, kämpfst du. Achte darauf, daß du immer rennst, gleichgültig wohin. In fünf Minuten ... und nicht länger, Ainnle, kommst du zu jener Tür dort. Diese hier wird geschlossen sein, und die Schleuderschützen werden innen an dieser Tür stehen und deinen Rückzug decken. Ist das klar?«
Ainnle nickte und ließ seine Klinge durch die Luft pfeifen. Er rückte seinen Schild von hinten auf seine Schulter.
»In dem Augenblick, in dem du wieder drin bist, Ainnle,

lauf zu dieser Tür, während wir die andere hinter dir schließen. Öffne alle Riegel außer einem, Buinne wird dir helfen. Und dann werden Iollann und ich für fünf Minuten uns draußen ein wenig umtun. Ich möchte mir einmal ansehen, was für Vorkehrungen sie treffen.«

»Schützt du meinen Bruder?« sagte Buinne wild.

»Nein, mein Herz. Er soll rennen und auskundschaften, was sie tun.«

»Diesen Kampf beanspruche ich für mich«, sagte der grobschlächtige junge Mann.

»Du kommst gleich danach an die Reihe. Du und ich, wir machen den Weg zur Festung, Schulter an Schulter, Buinne. Wird dir das nicht gefallen?« Naoise lachte.

»Ich fing schon an, mich einsam zu fühlen«, sagte Buinne. »Das wird ein lustiger Lauf.«

»Wir nehmen uns zehn Minuten Zeit dazu«, sagte Naoise. »Fertig, Ainnle?«

Sein Bruder nickte.

»Lauf geradeaus, dreißig Fuß, wenn du kannst. Doppelt so viel, wenn dir danach ist. Präg dir die Tür ein, durch die du wieder hereinkommst. Füge ihnen soviel Schaden zu wie nur irgend möglich. Wenn du in Schwierigkeiten gerätst, rufe nach uns.«

»In fünf Minuten gerate ich nicht in Schwierigkeiten«, lächelte Ainnle.

»Fertig, Buinne? Den Riegel!«

Ainnle rannte hinaus, die Tür schlug hinter ihm donnernd zu. Das Getöse draußen war schrecklich genug gewesen, aber nun verdoppelte es sich und manchmal übertönte ein langgezogener Laut all das Getöse wie Schaum, der über einer Welle tanzt.

»Wir können deinen Bruder nicht sehen«, sagte Deirdre nervös.
»Wir wissen, daß er seine Arbeit tut«, erwiderte Naoise. »Er ist so sicher für die nächsten fünf Minuten, als läge er in einem Bett.«
»Dein Kampf, Naoise«, sagte sie bedrückt.
»Das ist der leichteste von allen. Außerdem habe ich einen kräftigen Burschen an meiner Seite. Lauft jetzt alle zur anderen Tür!« rief er. »Iollann! Deirdre! Ardan! Eure Schleudern! Die Riegel, Buinne! Jetzt!«
Draußen im Mondlicht sprang Ainnle umher wie ein Reh. Der Mond blitzte auf seiner Klinge und auf seinem Schild. Männer rannten von ihm fort und liefen, um ihm den Rückweg abzuschneiden. Inmitten von all dem tauchte er umher wie ein Fisch. Eine Gruppe kam von rechts und drängte gegen die offenstehende Tür.
»Hinaus, Buinne, für zehn Sekunden ... und wieder zurück, wenn er durch ist.«
Naoise und Buinne sprangen mit wirbelnden Waffen hinaus. Man hörte Schilde klirren, ein Durcheinander von Schreien und Flüchen, und in zehn Sekunden waren sie wieder zurück und die Tür war geschlossen.
»Ihr habt einen Augenblick zu früh aufgemacht«, sagte Ainnle, »ich war noch recht gut dran.«
»Hast du's ihnen gezeigt?«
»Nicht schlecht.«
»Du hast aber nicht so viele getötet wie ich«, sagte Ardan. »Pah!« erwiderte Ainnle. »Keiner könnte so viele töten wie du, außer vielleicht Cúchulinn.«
»Laßt uns den nächsten Ausfall vorbereiten«, sagte Naoise.

DREIZEHNTES KAPITEL

Conachúr kam zum Roten Zweig, und ein Aufschrei von Zurufen begrüßte ihn. Er ging zum Hauptmann der Truppe.

»Nun, mein Lieber?«

»Wir haben angefangen, Majestät.«

»Wie geht es voran?«

»Ausgezeichnet«, sagte der Hauptmann. »Wir haben bisher ungefähr vierzig Mann verloren.« Conachúr starrte ihn an.

»Wie konnte das geschehen?«

»Es ist geschehen, weil der König befahl, diese Leute in einer Festung unterzubringen.«

»Ihr habt fünfhundert Mann hier.«

»Wenn sie alle tot sind«, sagte der Hauptmann mürrisch, »können wir weitere fünfhundert in den Kampf werfen.«

»Worin besteht die Schwierigkeit?« fragte sein Herr.

»Eine Festung mit sechs Ausgängen. Sie springen herein und heraus wie Frösche in einem Teich. Während wir die Ramme an einer Tür ansetzen, machen sie einen Ausfall an einer anderen Tür. Sie sind wie die Ritter des Teufels. Man weiß nie, wo man sie erwarten soll, und jeder von ihnen kämpft so gut wie zehn unserer Männer zusammen und ist ihnen noch an Tricks überlegen. Ich soll sie ausgeräuchert haben, bevor es hell wird, so lautet der Befehl des Königs. Aber ich weiß wirklich nicht, wie ich das schaffen soll.«

»Rammen an alle Türen«, sagte Conachúr.

»Ich habe nur eine Ramme. Weitere Rammen bekomme ich erst morgen.«

»Morgen ist es zu spät«, sagte der König wütend. »Morgen haben wir halb Ulster auf dem Hals.«
»Ich brauche Sturmleitern und Enterhaken«, sagte der Offizier wütend. »Diese Arbeit ist uns von einem Augenblick auf den anderen aufgeladen worden, wir konnten uns nicht darauf vorbereiten. Ich kann innerhalb eines Tages mit ihnen fertig werden, aber nicht während einer Nacht.«
»Greift eine Tür mit eurer Ramme an«, schnarrte Conachúr, »und bewacht alle andern Türen.«
»Das versuche ich schon«, sagte der Hauptmann, »und meine Männer, fürchte ich, sind ganz verliebt in diese Arbeit.«
Er kehrte auf seinen Platz zurück, und in wenigen Minuten war das Geräusch der Ramme wieder zu vernehmen. Conachúr ging hin und sah der Arbeit mit wilder Ungeduld zu. Der Hauptmann kam zurück und stand bei ihm.
»Ihr habt gute Türen im Roten Zweig, Majestät«, sagte er fröhlich. »Es wird eine Stunde dauern, bis sie sich aufbrechen lassen.«
Geschrei erhob sich, und von allen Seiten her vervielfältigte es sich durch die brüllenden Soldaten. Niemand vermochte zu sagen, aus welcher Richtung die Gefahr kam.
»Sie sind wieder irgendwo herausgekommen«, sagte der Hauptmann. »In zwei Minuten schlüpfen sie dann wieder hinein ... Sie wissen wo, aber wir nicht. Und innerhalb dieser zwei Minuten verlieren wir zwischen fünf und zwanzig Mann.«
»Bleibt bei der Ramme«, brüllte Conachúr. »Haltet euch an diese Tür dort, meine Männer.«

Wilde Laute drangen von seitwärts herüber, ein Aufschrei, der aus einem Handgemenge laut wurde, das sich um die Ecke herum abspielen mußte. Waffen klirrten überall und nirgends.
»Welches sind nun unsere Männer und welches ihre?« überlegte der Hauptmann. »Unsere können bei diesem Licht Freund und Feind nicht auseinanderhalten, aber sie können es«, sagte er erbittert. »Die Unsrigen schlagen sich gegenseitig tot.«

Zwei Gestalten hoben sich im Mondlicht ab. Sie sprangen herum wie große Katzen, und wo immer eine Gruppe von Menschen stand, stürzten sie sich auf diese.
»Ho, Conachúr«, rief die eine Stimme, »erinnerst du dich an Naoise?«
»Ho, verräterischer König«, brüllte die andere. »Erinnere dich an Fergus!«
»Diesmal sind es Naoise und Buinne«, sagte der Hauptmann.
Die beiden Gestalten sprangen unter die Männer an der Ramme. Diese ließen die Ramme fallen, und die unbewaffnete Mannschaft floh unter Gellen. Eine Tür sprang auf, schlug wieder zu, und die zwei Gestalten waren verschwunden.
»So geht es immerzu!« sagte der Hauptmann.
»Zu der Ramme!« brüllte Conachúr.

VIERZEHNTES KAPITEL

Der König selbst ist da«, sagte Naoise.

»Laß ihn uns jagen!« rief Ardan mit wilder Freude.

»Er wird immer umhergehen«, erwiderte Naoise. »Wir würden nie sicher wissen, wo er ist und nur unsere Zeit verschwenden. Wir müssen nur durchhalten bis zum Morgen. Und das schaffen wir schon. Übrigens«, rief er, »wir haben unsere Reisetage nicht mitgezählt; Fergus kann schon morgen früh da sein.«

»Er wird Tag und Nacht reisen, und er fährt mit dem Wagen, während wir zu Fuß waren«, sagte Iollann.

»Er könnte wirklich schon morgen hier sein.«

Naoise nickte zuversichtlich.

»Vorher wird er Borach noch gezwungen haben, all das wieder von sich zu geben, was er zuvor geschluckt hat«, fuhr Iollann fort, »und er wird zornig sein.«

»Selbst, wenn er allein käme«, sagte Naoise, »dieser Abschaum würde in alle Winde zerstreut.«

»Wir werden sie in alle Winde verstreuen, ehe er kommt«, prahlte Ardan, »denn jetzt bin ich an der Reihe, hinauszugehen und ich werde ihnen noch ein paar Streiche spielen.«

»Jeder war nun zweimal draußen, Kleiner«, sagte Ainnle, »also gehen wir zusammen.«

»Dieser Mann«, beklagte sich Ardan, »will mich um meinen Ruhm bringen. Steh mir bei, kleine Deirdre, weise du ihn zurecht, Naoise!«

»Horch, wie sie hämmern«, sagte Iollann.

»Wie wütend manche Leute werden«, kicherte Ardan.
»Laßt uns alle gemeinsam einen Ausfall machen«, rief Buinne, »wir fünf könnten ohne weiteres mit den Soldaten fertig werden.«
»Einer muß an der Tür zurückbleiben«, erwiderte Naoise. »Ardan ...«
»Kommt gar nicht in Frage«, sagte Ardan aufgebracht.
»Ainnle«, sagte Naoise, »unser Leben hängt ab von dem Mann an der Tür.«
»Aber das nächste Mal will ich auch mit hinaus«, begann Ainnle zu handeln.
Sein Bruder nickte, während Ardan vor Freude tanzte.
»Cú!« scherzte Ainnle. »Er hält sich für Cúchulinn.«
Ardan baute sich vor ihm auf, als wolle er sich mit ihm prügeln, und sagte dann sehr grob: »Ich bin besser als Cúchulinn.«
Ainnle faßte seinen Kopf und gab ihm drei Küsse. »Kleiner Bruder!« sagte er, »du bist sogar besser als ich.«
»Du bist ein guter Bruder«, sagte Ardan. »Ich werde mich nicht von dir scheiden lassen«, und er erwiderte die drei Küsse.
»Sind alle fertig?« fragte Naoise. »Dann wollen wir den Ausfall vorbereiten.«
»Es werden zwei Gruppen sein. Buinne und ...«, er hielt einen Augenblick inne, »... Buinne und Ardan, Iollann und ich.«
»Vertrau mir Ardan nur an«, sagte Buinne kurz.
»Warum nicht?« entgegnete Naoise.
Deirdre starrte zu ihrem Ehemann mit stechendem hellen Blick und Naoise wurde plötzlich der Mund trocken.
Er ging zu ihr hin. »Was ist es?« murmelte er.

»Ich habe keine Vision«, flüsterte sie, »ich weiß nicht.«
»Meinst du immer noch ...?«
»Ja«, sagte sie, »aber ich weiß nicht, wann.«
Er schloß seine Augen und wandte sich wieder um.
»Wir gehen durch diese Tür. Draußen wendest du dich nach links, Buinne ... ich nach rechts. Wir laufen in einem großen Halbkreis. Dort, wo wir zusammentreffen, bleiben wir nebeneinander und schlagen uns zur Tür durch ... Zwischen uns sechs Fuß Abstand, damit die Schwerter spielen können. Buinne und ich laufen an der Außenseite.«
»Ich werde ganz außen sein«, sagte Buinne.
»Wie du willst, mein Freund«, sagte Naoise. »Geh an die Riegel, Ainnle. Ihr beide paßt aufeinander auf«, sagte er, aber es war Buinne, den er anschaute.
»Ich werde ihn zurückbringen«, sagte der mürrische Mann.
»Wenn Buinne auch nur ein Haar gekrümmt wird«, prahlte Ardan, »werde ich ihm eines von meinen Haaren geben.«
»Bist du bereit, Ainnle?«
»Wie weiß ich denn, wann ich die Tür öffnen soll?« rief Ainnle.
»Wir werden schweigend kämpfen. Und wenn du unseren Schlachtruf hörst, dann öffne die Tür sofort.«
»Warte«, sagte Buinne. »Bei diesem Ausfall brauchen wir schwerere Klingen. Wir müssen mit dem Zweihänder arbeiten und die Schilde zurücklassen.«
»Du hast ganz recht«, sagte Naoise.
»Ich bringe ihn zurück«, sagte Buinne. »Ich nehme ihn unter meinen Schutz!« brüllte er.

»Ihr beide«, sagte Naoise, »behaltet eure Schilde. Buinne und ich nehmen die großen Schwerter, und wir lassen unsere Panzer hier, damit wir schneller laufen können. Die Männer, die außen laufen, müssen doppelt so rasch sein wie die innen«, erklärte er Buinne.

Buinne nickte und begann seine Rüstung aufzuschnüren. Deirdre trat hinzu, um ihm zu helfen. Ihr Blick drückte eine so starke Gemütsbewegung aus, daß sich der junge Mann wunderte. Naoise prüfte die große Klinge, die er von Manannan mac Lir, dem Gott des Meeres, bekommen hatte.

»Jetzt, Ainnle, die Türe auf! Buinne ist der erste, ich der zweite, Iollann und Ardan dann zusammen. Fertig ... los!«

Fort waren sie.

Ainnle und Deirdre schlugen die Tür zu. Sie standen mit dem Rücken gegen die Tür gelehnt und horchten mit jeder Pore ihres Körpers.

Deirdre warf ihre Arme um seinen Hals.

»Oh Ainnle, lieber Ainnle.«

»Es ist einsam hier«, murmelte er.

Ihr Kopf sank auf seine Brust.

»Du darfst jetzt nicht ohnmächtig werden, Schwester; die Tür muß wieder geöffnet werden und ich brauche deine Hilfe bei dem Riegel. Hör nur, wie sie brüllen.«

»Wenn man nur unsere Männer einmal hören würde«, stöhnte sie.

»Dann würde ich die Tür sofort öffnen«, lächelte er, »und der edle Kampf hätte ein schales Ende.«

»Es wird kein Morgen mehr geben«, stöhnte sie.

»Mach mir nicht Angst«, sagte Ainnle, »wir müssen auf

die Tür acht geben«, fuhr er fort. »Ich werde jetzt den oberen Riegel ziehen. Leg deine Hände auf den unten, und wenn das Geschrei ertönt, dann zieh ihn. Ich werde den mittleren ziehen, und wenn ich sage ›jetzt‹, dann häng dich an mich. Er ist nämlich fast zu schwer für einen Mann. Aber sie werden ja auch von draußen dagegen stoßen.«

Deirdre kniete sich hin. Eine Welle von Lärm schwappte heran.

»Jetzt kommen sie«, sagte Ainnle. »Zieh deinen Riegel, Schwester.«

Aus dem infernalen Aufschrei drang der Laut, den sie kannten.

»Jetzt!« brüllte er.

Die Tür gab nach, der Anprall draußen half, daß sie sich bewegte, und die vier sprangen herein. Eine Klinge fuhr durch die Luft und zerbrach, als Ainnle und eine Schulter, die ihm half, die Tür zudrückten.

Buinne keuchte.

»Das verdient eine Ruhepause«, sagte er.

Und die drei anderen begannen wie mit einer Stimme Ainnle und Deirdre zu erzählen, was sie bei diesem Ausfall erlebt hatten.

FÜNFZEHNTES KAPITEL

Buinne stand auf.

»Naoise«, sagte er ernst.

»Meine Seele?« fragte Naoise.

»Du hast dich in meinen Kampf eingemischt.«

»An diesem Ende der Kampflinie wäre es für jeden Mann schwierig geworden, mein liebes Herz.« – »Du tatest es zweimal.«

»Zehn Meter sind ein großer Abstand. Aller Druck lastete auf dir. Ich habe nur etwas ausgeholfen, als es bei mir nicht so viel zu tun gab.«

»Ich nehme keine Hilfe von irgendwem an«, sagte Buinne.

»Aber wir sind Kameraden«, erwiderte Naoise sanft. »Wir nehmen und geben Hilfe.«

»Habe ich um Hilfe gebeten?« brüllte der andere.

Naoises großer Brustkorb hob sich, aber seine Stimme blieb ruhig: »Kein Mann wird dich je um Hilfe rufen hören, Buinne.«

»Dann soll auch kein Mann mir geben, wonach ich nicht verlangt habe.«

»Aber ohne diese Hilfe, Buinne, wärest du jetzt tot.«

»Habe ich etwa nicht für die Außenlinie getaugt?« sagte Buinne beleidigt.

»Du bist noch jung, Kamerad, aber in zwei Jahren wirst du bestimmt den Kampfgeist haben, dessen es auf einem solchen Posten bedarf.«

»Deinen Kampfgeist«, sagte Buinne bitter.

»Die Welt weiß«, versuchte Ainnle zu vermitteln, »daß die vier größten Recken Irlands Cúchulinn, Fergus, Conall und Naoise heißen.«

»Und Ainnle«, ergänzte Buinne mit einem Grinsen.
Der junge Mann bewegte sich drohend auf Buinne zu.
»Ich selbst ...«, sagte er sanft.
»Und ich auch«, sagte Ardan.
»Streitet nicht«, unterbrach sie Naoise, »in zwei Jahren wird sich Buinne mit jedem Mann messen können, den ihr genannt habt.«
»Still ...«
Er wandte den Kopf seitwärts und lauschte erstaunt. Auch die drei anderen horchten, und ihre Augen bekamen einen fragenden Ausdruck. Sie hörten nichts, denn die Ramme hatte aufgehört, und ohne sie war es still wie das Schweigen des Todes.
Ein paar Augenblicke später hörte man vorsichtige Schritte, und dann klopfte jemand an der Tür.
Naoise stand dort und runzelte die Stirn.
»Wer ist dort?«
»Der Herold.«
»Was willst du?«
»Verhandeln.«
»Sag, was du uns zu sagen hast, Herold.«
»Wenn Deirdre durch diese Tür kommt, werden die Truppen abmarschieren.«
»Und was dann?«
»Keine Rache wird je wieder genommen werden an den Söhnen von Uisneac.«
»Darauf gibt es keine Antwort«, sagte Naoise.
»Ich habe noch eine Botschaft«, sagte die Stimme.
»Redet.«
»Sie ist für das Ohr der Söhne des Fergus bestimmt.«
Buinne trat vor.

»Sagt, was Ihr zu sagen habt.«
»Es gibt keinen Streit«, sagte der Herold, »zwischen dem König und Fergus mac Roy. Die Zuneigung des Königs zu Fergus ist so groß, daß er wünscht, dessen zwei Söhne vor dem sicheren Tod zu bewahren.«
»Weiter?« fragte Buinne.
»Der König läßt ausrichten, wenn sich die jungen Leute aus dem Kampf zurückziehen, wird er sie mit einer Herrschaft belehnen.«
»Mit welcher Herrschaft?«
»Mit einem Stück Land, größer als das, welches Fergus selbst besitzt, und mit der Freundschaft des Königs.«
Buinne sah unter seinen steilen roten Brauen auf Naoise hin. »Ich werde hinausgehen«, sagte er. Dann wandte er sich an seinen Bruder: »Kommst du auch mit?«
»Ich nicht«, sagte Iollann.
Sein Bruder stampfte mit dem Fuß auf.
»Mein Vater ist mein Herr«, sagte Iollann. »Was er befiehlt, tue ich. Mag sein, daß ich die Söhne von Uisneac nicht so schützen kann wie er es verlangt, aber ich kann an ihrer Seite kämpfen.«
Buinne wandte sich um.
»Herold«, rief er, »sage Conachúr, daß ich zu ihm herauskomme.« Seine Hand fuhr nach der Tür, aber Naoise trat dazwischen.
»Rühre den Riegel nicht an!« befahl er. »Du wirst durch die Tür hinausgehen, die ich bestimme.« Er deutete auf sie und ging zu ihr hin.
»Iollann, Ainnle, stellt euch mit euren Speeren auf. Ardan, Deirdre, nehmt eure Schleudern. Buinne, bleib kurz vor der Tür stehen.«

»Vielleicht sehen wir uns einmal wieder, Naoise«, sagte Buinne.

»Wenn wir uns noch einmal in einem Getümmel treffen, Buinne, würde ich dich vielleicht für meinen Bruder Iollann opfern. Fertig, Buinne? Wenn die Tür jetzt geöffnet wird, zähle ich bis drei. Sorg dafür, daß du dann draußen bist, oder ich erschlage dich.« Man hörte, wie Naoise schwer atmete, und dann begann er zu zählen. Buinne war draußen, und die Tür hatte sich wieder geschlossen.

SECHZEHNTES KAPITEL

Das dauert ja endlos«, knurrte Conachúr ärgerlich, »ist denn Buinne noch nicht herausgekommen?«

»Die Männer werden rufen, wenn er auftaucht.«

»Bringt ihn her, und wir werden erfahren, was sie vorhaben.«

»Da gibt es nicht viel zu erfahren, Majestät. Ihr Plan ist von der einfachsten Art. Sie haben sechs Türen. Sie kommen durch eine heraus und zur anderen wieder herein. Das ist alles.«

»Stellt die Männer so auf, daß jeder von ihnen, der herauskommt, nicht mehr in der Lage ist, durch irgendeine der Türen zurückzugelangen. Fordert Verstärkung an. Stellt fünfzig Mann vor jede Tür ... Diese Leute an der Ramme haben Weiberschultern!« brüllte er. »Für eine Lehmmauer würden sie einen Monat brauchen.«

»Wir haben es bald geschafft«, sagte der Hauptmann, »aber damit ist nichts erreicht.«
»Nein?« sagte Conachúr.
»Bestimmt haben sie sich drinnen verbarrikadiert. Und unsere Männer wagen sich nicht durch den engen schwarzen Durchgang. Wir könnten leicht hundert Mann in diesem Torweg verlieren und wären damit dem Ziel auch nicht näher.«
»Da ist Buinne«, fuhr der Hauptmann fort, als man von seitwärts Geschrei vernahm.
»Buinne«, sagte Conachúr, »willst du für mich kämpfen?«
»Wie steht's mit meinem Stück Land?« sagte der grobschlächtige junge Mann.
»Du wirst bekommen, was ich dir versprochen habe, und sogar noch mehr.« (So geschah es, und die Gegend wurde Dal Buinne genannt, später aber Sleeve Fuat.) Buinne erzählte, was er über die Verteidigungsvorkehrungen derer da drinnen wußte, aber wie der Hauptmann vorhergesehen hatte, gab es da nicht viel zu erzählen.
»Diese Tür«, sagte Conachúr, »wird bald niederbrechen. Haben sie sich innen verschanzt?«
»Das haben sie nicht«, sagte Buinne.
Der Hauptmann wurde aufgeregt und laut. »Ah«, rief er, »irgend etwas vergißt man immer. Geh an die Ramme, du da«, rief er. »Leg dich mit ins Zeug.« Er wandte sich wieder dem König zu. »Wir haben sie«, sagte er.
Conachúr, mit blitzenden Augen und einem wilden Lächeln, die Lippen aufgeworfen, schritt gegen die Ramme hin. Aber eben da flog die Tür auf, und die gähnende Finsternis spuckte vier Männer aus. Im Augenblick waren

zwei der Leute, die an der Ramme standen, tot, und der Rest riß den König in wilder Flucht mit sich fort.
»Zu mir her!« rief der Hauptmann.
Zwei der Angreifer nahmen die Ramme und verschwanden damit in der Tür. Die beiden anderen hieben mit solcher Gewalt um sich, daß die Soldaten wie versteinert dastanden. Dann floh einer durch die Tür zurück, die sofort zugeworfen wurde, während der andere blitzschnell um das Gebäude herumzulaufen begann.
»Ihm nach!« brüllte Conachúr.
Der Hauptmann blieb, wo er war, er brüllte und tanzte vor Wut. »Ich hab meine Ramme verloren«, belferte er, »ich hab meine Ramme verloren.«
»Nun haben wir dich, Iollann«, sagte Conachúr. »Verräter an deinem König!« schrie er ihm ins Gesicht.
»Verräter an deinen Freunden«, gab Iollann zurück.
»Ergib dich mir«, sagte Conachúr, »und ich schenk dir das Leben.«
»Ich bin mit Absicht herausgekommen«, sagte Iollann. »Ich verlange einen Kampf Mann gegen Mann.«
»Es gibt keinen Edelmann hier«, erwiderte Conachúr, »außer deinem Bruder. Also kann ich deiner Forderung nicht entsprechen.«
»Ich werde ihn fesseln«, sagte Buinne, »aber ich werde nicht mit ihm kämpfen« und ging fort.
»Ich nehme diesen Kampf an«, sagte eine Stimme.
Conachúr wandte sich um und sah seinen eigenen Sohn, Fiachra, der dort stand. Sein Herz sank ihm.
»Du hast keine Waffen«, sagte er schroff.
»Dann leihst du mir deine«, sagte Fiachra.
Conachúr starrte auf den wütenden Kreis derer um ihn.

Er sah auf Iollann, der mit dem Rücken zur Mauer des Roten Zweiges stand und mit dem Schwert herumfuchtelte. Da wußte er, daß ein Kampf stattfinden mußte.

»Iollann und ich wurden in derselben Nacht geboren«, sagte Fiachra. »Es ist ein Kampf unter Ebenbürtigen.«

Conachúr nahm seinen eigenen Schlachtrock und gab ihn Fiachra. Er gab ihm seinen Schild, den verzauberten Aicean, und sein grünes Schwert.

»So kämpft denn«, sagte er, und zu seinem Sohn gewandt, »erinnere dich, was ich dir beigebracht habe. Erinnere dich, wie man den Schild führt und wie man zustößt.«

Sie kämpften dann, aber beim ersten Streich, den Iollann führte, brüllte der große Schild auf. Denn dies war die Eigenschaft von Breitrand: aufzubrüllen, wenn der Mann, den er deckte, geschlagen wurde, und es antworteten die drei Großen Wellen von Irland – die Welle von Tua, die Welle von Cliona und die Welle von Groß Ruri. Und somit wußte ganz Irland, daß ein König in Gefahr war.

Weit entfernt, im Palast, saß Conall Cearnach beim Wein. Er hörte etwas, was er für einen großen Streit hielt. Aber, als er das Aufbrüllen von Aicean vernahm, war er mit einem Satz auf den Beinen.

»Der König ist in Gefahr«, sagte er. Er griff sich seine Waffe, rannte aus dem Palast von Macha und eilte zu dem großen Kampf. In dem undeutlichen Licht meinte er, Conachúr selbst stehe hinter dem Schild, und an den waghalsigen und mächtigen Schlägen, die der Gegner austeilte, merkte er, daß keine Zeit zu verlieren war. Er warf seinen grün-blauen Speer durch die Menge, und er traf Iollann in den Rücken. Iollann taumelte gegen die Mauer des Hauses vom Roten Zweige.

»Wer hat mich von hinten getroffen?« sagte er.

»Ich, Conall Cearnach.«

»Eine schreckliche Tat hast du da getan, Conall.«

»Wer bist du?« fragte Conall.

»Ich bin Iollann der Schöne, ausgeschickt von meinem Vater, um die Söhne von Uisneac zu beschützen.«

»Bei meiner Hand«, sagte Conall wild, »ich werde wiedergutmachen, was ich da angerichtet habe«, und mit zwei Schwerthieben schlug er Fiachra den Kopf ab.

»Hilf mir zu dieser Tür da, Conall«, sagte Iollann. »Drinnen sind die Söhne von Uisneac.«

Die erschreckten Soldaten wichen zurück, und gestützt auf Conalls Arm erreichte Iollann die Tür. Dort stieß er seinen Ruf aus. Er klang nur schwach, wurde aber gehört, und die Tür wurde aufgetan. Iollann taumelte hinein.

»Kämpf tapfer, Naoise!« sagte er, und nach diesen Worten brach er tot zusammen.

Draußen vor dem Roten Zweig rannte Conachúr hin und her wie ein Mann, der vor Wut wahnsinnig geworden ist.

SIEBZEHNTES KAPITEL

»Wir sind noch drei«, sagte Naoise. »Stoß die Riegel auf, Ainnle, für einen Ausfall der Freundschaft. Wir haben keinen Mann an der Tür, denn Deirdre allein kann die Tür nicht schließen und öffnen. Du und ich, Ainnle. Sei ruhig, Ardan! Komm, mein Bruder, und leg alle Kraft in dein Schwert. Wir werden durch dieselbe Tür wieder hereinkommen, durch die wir hinausgehen. Diese Tür. Mach dich bereit, wenn wir rufen, Ardan!«

Sie rannten hinaus und kamen mit roten Waffen wieder. Und für lange Zeit saßen sie beim Flackern einer Fackel, und ihr toter Kamerad schaute sie an.

»Er war ein tapferer Junge«, sagte Deirdre.

»Er hat nicht auf meinen Befehl gehört«, seufzte ihr Mann.

»Ich rieche ... Rauch«, sagte Ainnle plötzlich.

»Ich habe schon die ganze Zeit irgend etwas gerochen«, sagte Deirdre, »aber ich wußte nicht, was es war. Ich war so traurig wegen des Todes unseres guten Freundes.«

Nach und nach füllte sich das ganze große Gebäude mit Rauch, und während man draußen wieder wildes Gebrüll hörte, vernahm man nun auch noch ein Knistern. Naoise war sofort wieder der entschlossene Führer. »Sie haben die Festung in Brand gesteckt. Wir wissen nicht, was geschehen ist, während Iollann draußen war, aber Conachúr muß wahnsinnig geworden sein. Wer hätte vorhersagen können, daß er Feuer an das Haus des Roten Zweiges legt. Jetzt müssen wir auf alles gefaßt sein.«

»Wir sind noch nicht tot«, sagte Ardan.
»Was ist dein Rat, Bruder?« fragte Ainnle.
»Setzt euch, am Boden ist der Rauch schwächer.«
Eine wilde Lohe stand vor jedem der Fenster.
»Sie haben Feuer um das ganze Gebäude gelegt. Wir müssen uns rasch entscheiden.«
Ainnle wandte sich belustigt an seinen jüngeren Bruder.
»Du wirst laufen müssen, mein armer Freund.«
»Wohl wahr«, sagte Ardan grinsend, »einmal in Schottland dachte ich, daß ich nie wieder würde rennen wollen, aber jetzt spüre ich, daß wir an diesem Ort wohl schon zu lange geblieben sind. Immerhin«, sagte er zufrieden, »ich bin ein Mann, der es liebt zu handeln.«
»Und natürlich«, neckte Ainnle ihn, »läufst du schneller als irgend jemand anderes.«
»Mit einer Ausnahme«, sagte Ardan, »mit Ausnahme von Deirdre.«

»Hört«, sagte Naoise, »wir haben immerhin noch mehr als eine Chance. Wir können rennen. Das haben wir in Schottland gelernt. Und wenn wir nur einen Vorsprung von vierzig Metern haben, laufen wir den besten ihrer Männer davon.«
»Aber wohin sollen wir laufen?«
»Wir können zur Straße laufen, die zu unserem Land führt. Wenn Lavarchams Botschaft zu unseren Verwandten gelangt ist, sind sie schon nach Emain unterwegs. Aber«, sagte er und deutete in die Höhe, »wir können nicht auf sie warten.«
Schweigend schauten sie hin.
Eine gewaltige goldene Flamme leckte schreiend zum

Fenster herein, taumelte hierhin und dorthin wie eine wilde Zunge und raste wieder hinaus.

»Sie war zehn Fuß lang und drei Fuß dick«, sagte Ardan flüsternd.

»In zehn Minuten gehen wir«, sagte Naoise.

»Welche Waffen?«

»Schild und Speer, Bruder. Alle Rüstungen lassen wir zurück. Sie belasten uns nur beim Laufen.«

»Ich gehe als erster«, fuhr er fort. »Gib mir zwanzig Sekunden und dann komm nach, Ainnle. Lauf zehn Schritte nach links von der Tür aus. Deirdre und Ardan werden unmittelbar auf uns folgen. Haltet euch dann nach rechts, und wenn ihr meinen Ruf hört, rennt los. In einer Reihe hintereinander. Ainnle am Ende. Wenn ich rufe ›halt‹, drehst du dich um und kämpfst. Wenn ich rufe ›lauf‹, hörst du sofort auf und fliehst. Du, Deirdre, nimm Iollanns Schild.«

»Und seinen Speer«, sagte Deirdre.

»Bleib immer hinter mir, meine Geliebte, und immer, wenn wir haltmachen, wirf dich flach auf den Boden.«

Er mußte nun seine Anweisungen brüllen, denn die Stimme des Feuers war wie die ständige Wut und das Getöse des Meeres, und zu jedem Fenster sprangen monströse Wände von Flammen herein.

»Diese Tür«, sagte Naoise. »Einen Kuß für jeden. Noch können wir gewinnen. Zieh, Ainnle!«

»Die Tür ist schon glühend heiß«, sagte Ainnle.

»Zurück und einen Umhang geholt oder zwei! Jetzt faß an. Zieh! Laß mir zwanzig Sekunden, Ainnle.«

Er sprang durch das Feuer und verschwand. Die anderen sprangen ihm nach, Ardan unter wildem Gebrüll.

Conachúr hatte einen Boten zum Palast geschickt. »Bring Cathfa her«, befahl er. »Sag ihm, ich brauche ihn. Sag ihm, der König beschwört ihn zu kommen.«
Der Hauptmann seiner Truppen stand neben ihm. »Wie schade um den Roten Zweig«, sagte er traurig.
»Was zerstört wird, kann auch wieder aufgebaut werden«, sagte Conachúr. »Ich werde das Haus des Roten Zweiges wieder aufbauen.« Er war verzweifelt und aufgeregt. »Der Morgen ist nahe«, sagte er. Unglücklich ging er auf und ab, seine Augen auf den Boden gerichtet und mit widerstreitenden Gedanken.

Fern im Osten erschien ein glühender Schimmer. Die Dunkelheit der Sommernacht, die noch ein Zwielicht war, verlor ihre sanfte Schönheit, und am Himmel zog unmerklich, aber sich ausdehnend die vielfarbige Erscheinung der Morgendämmerung herauf. Eine scharfe graue, in Eisen geschlagene Oberwelt brütete über einer frierenden und faltendurchfurchten Erde. Die Augen des Königs und die des Hauptmanns sahen einander aus farblosen, bleichen Gesichtern an. Es gab keine Farbe in ihren Kleidern, und ihre Schilde waren stumpf wie der Tod. Ihre Hände, mit denen jeder von ihnen eine Waffe umklammerte, glichen den Klauen von Ungeheuern.
Ein langsames, trauriges Hauchen kam von den grauen Lippen des Königs, wie die Klage eines grimmigen Seeungeheuers, das sich allein inmitten des Bebens und Schwankens seiner düsteren Fluten erhebt.

»Das Feuer faßt«, murmelte der Hauptmann. »Hört nur, wie es knistert.«

»Wir bekommen Licht«, sagte der König leise, »das Haus des Roten Zweiges steht in Flammen.«
»Drinnen ...«, sagte der Hauptmann mürrisch, und er schaute mit ernster Sorge auf das große, brennende Haus. »Sie müssen bald herauskommen«, murmelte er.
»Sind Eure Männer auf ihrem Posten?«
»Alle Türen sind besetzt, und wenn sie diesmal hervorschießen ...«
»Sie können nicht mehr hervorschießen«, sagte Conachúr. »Ich kriege sie!« brüllte er, warf seine Hand in die Luft und faßte dort nach etwas. Er hielt in der geballten Faust alles, von dem er meinte, es könne ihm nicht mehr entkommen.
»Sie werden kämpfen«, sagte der Hauptmann, »und sie sind Kämpfer, die man fürchten muß.«
»Ihr seid nervös, Mann«, sagte Conachúr.
»Zu dieser Stunde und nach solch einer Nacht«, sagte der Hauptmann, »ist unseren Männern zuzutrauen, daß sie vor den drei Recken wie verschreckte Kaninchen fliehen.«
»Das befürchte ich«, sagte Conachúr.
»Sie könnten entkommen«, überlegte der Hauptmann.
Conachúr ging mit einer so wilden Bewegung und mit so wutverzerrten Zügen auf ihn zu, daß der Mann zurückzuckte. »Hund«, sagte Conachúr. »Wenn sie entkommen, kostet das deinen Kopf.«
»Sie sind umstellt«, stammelte der Hauptmann, »sie können nicht entkommen.«
»Sie können sehr wohl entkommen!« brüllte Conachúr. »Du weißt, daß sie sehr wohl entkommen können. Deine Männer sind Feiglinge und Idioten. Haben mich denn

alle verlassen? Wo ist Cathfa? Wo ist der Druide?« rief er.

»Majestät«, bat der Hauptmann, »schimpft nicht über uns. Der große Zauberer kommt.«

Tatsächlich war der Zauberer gekommen.

»Was hat dich so in Wut versetzt, Conachúr?« fragte er.

»Vater«, sagte Conachúr, »wenn du mir nicht beistehst, bin ich verloren.«

Der uralte Mann sah ihn an.

»Sag mir, Sohn, wen hast du mit diesem Feuer eingeschlossen?«

»Die Söhne von Uisneac sind es«, sagte Conachúr. »Sie werden mir entkommen.«

»Sie sind meine Enkel«, sagte Cathfa.

»Es ist die Frau, die bei ihnen ist. Es ist Deirdre, die ich haben will. Sie war mein. Sie wurde mir gestohlen. Ich bin nicht mehr ich selbst ohne sie. Ich bin ein toter Mann, solange sie bei Naoise ist.«

»Was fürchtest du dich vor Jungen, die von der Flamme gejagt werden?«

»Sie könnten mit ihr entkommen. Wenn sie herauskommen, laufen meine Männer fort. Wenn sie diesmal entkommt, Vater, werde ich sterben.«

»Wenn ich dir helfen kann, Conachúr ...!«

»Ich werde alles tun, was du von mir verlangst. Nichts, was du haben willst, soll dir vorenthalten werden.«

»Ist es die Frau, die du willst?«

»Nur die Frau.«

»Ist es nicht das Blut der Jungen, nach dem du lechzt?«

»Die Frau, Vater, nur die Frau.«

»Ich werde dir helfen, Conachúr. Aber lege keine Hand an die Söhne meiner Tochter, die Söhne deiner jüngsten Schwester.«

»Sie sind herausgekommen«, sagte der Hauptmann, als man das Gebrüll von Soldaten hörte.
Conachúr ging in diese Richtung. »Schnell, schnell«, sagte er, und zog seinen Vater voll Ungeduld am Umhang. »Sie werden mir entkommen.«
»Sie werden nicht entkommen«, antwortete Cathfa. »Es gibt keinen Grund, um sich zu beeilen.«
Sie waren in der Tat herausgekommen, zwei grimmige Löwen oder furchteinflößende Greifen. Naoise und Ainnle wüteten. In den Raum, den sie freigekämpft hatten, sprang Ardan. Mit dem einen Auge spähte er über den Schild, eine todbringende Hand schoß an dessen Rand vor. Vor und zurück sprang er mit rücksichtsloser Wildheit. Die Männer flohen. Überall hörte man das wilde Bellen von Befehlen und das noch wildere Schreien der von Angst ergriffenen Männer. Über alles aber hin drang Naoises Stimme: »Auf, Deirdre, lauf!«
Im Augenblick war sie hinter ihm. Der Schild sicherte ihre Seite, ihr Speer schoß tückisch mit ihrem rechten Ellenbogen vor, ein waghalsiger Mann stürzte schreiend hin. Fünf Schritt dahinter kam Ardan mit Sprüngen wie eine Katze, immer auf der Hut, kämpfend, und abermals zehn Schritte hinter ihm kam dann Ainnle.
»Halt«, brüllte Naoise.
Deirdre hatte sich wieder hingeworfen. Ardan wütete wie ein Tiger nach rechts und nach links, während Ainnle die Verfolger ihm zehn Fuß vom Leib hielt.

Conachúr war mit Cathfa herangekommen. Alle Augenblicke stürzten drei Männer zu Boden, so fürchterlich wütete Naoise, daß sich niemand mehr heranwagen wollte. Wenn er angriff, stürzten die Männer übereinander hin.
»Noch einen Augenblick, und unsere Männer rennen fort«, sagte der Hauptmann.
»Stürz dich ins Gewühl, du Feigling«, brüllte Conachúr. »Cathfa ...« flehte er.
Der Offizier zog sein Schwert und sprang vorwärts. Wenige Augenblicke später war er tot, und fünf Soldaten, die ihm gefolgt waren, wälzten sich im Todeskampf auf dem Boden.
Naoises Stimme kam wie ein wilder Ruf: »Vorwärts, Deirdre, lauf.«
Die vier bildeten wieder eine Kette. Die Männer vor ihnen wichen zur Seite hin aus, weil sie Angst bekamen. »Lauft«, sagte Naoise, »wir haben es geschafft.«
Vor ihnen standen Conachúr und Cathfa. Conachúr zog sein großes Schwert, und auf ihn kam mit einem schrecklichen Lächeln Naoise zu. Cathfa trat zwei Schritt vor ihn und schaute Naoise fest an. Der Zauberer streckte seine Arme weit aus ...
Naoise sank in die Knie, erhob sich wieder, sprang hoch in die Luft und ging wieder in die Knie. Deirdre fiel hin und erhob sich außer Atem. Ardan stürzte auf den Rükken, der Schild fiel ihm aus der Hand. Langsam kam er wieder hoch, er schlug mit seinen Händen in die Luft. Ainnle ging halbwegs zu Boden, rappelte sich auf und lief weiter auf Zehenspitzen. Ein Ausdruck von Abscheu und Wut überkam Naoises Gesicht. Sehr langsam ging er

zu Deirdre, hob sie auf und nahm sie auf seine Schulter.
»Wir sind verloren«, sagte er, »dieser Zauberer da ...!«
»Schwimm ruhig weiter«, kicherte Ardan, »hier hat es nie zuvor Wasser gegeben, aber jetzt ist ein ganzes Meer um uns und wir könnten bis nach Uisneac schwimmen.«
Die Arme sanken ihm herunter, und tatsächlich schwammen sie. Für eine Minute oder zwei wagte sich keiner der Soldaten heran. Endlich hoben sie die fortgeworfenen Waffen auf, und erst dann legten sie Hand an die wütenden Recken.
Cathfa ließ die Arme sinken.
»Sie haben uns«, sagte Naoise. »Unser Lauf hat ein Ende.«

ACHTZEHNTES KAPITEL

Cathfa war gegangen, und Conachúr ging auf die Gefangenen zu.
»Also, Naoise«, sagte er.
»Also, Onkel«, sagte Naoise.
»Am Ende gewinne ich. Ich gewinne immer am Ende«, sagte Conachúr.
Dann sah er alle mit seinem ernsten Lächeln an, und als er wieder redete, wandte er sich an Deirdre.
»Rehkitz, du bist lange wild herumgelaufen. Jetzt wirst du ausruhen.«
Sie gab nur jene Antwort, die ein Kitz gibt, die Antwort der sich öffnenden Lippen und der vom Schrecken ergriffenen Augen.

»Du wirst zu mir kommen«, sagte er.
Dann befeuchtete sie ihre zuckenden Lippen und schaute Naoise an.
»Den mußt du nicht anschauen«, sagte Conachúr. »Er ist bereits ein toter Mann. Den kannst du vergessen. Alle Mühen haben für dich ein Ende, süßer Vogel. Du wirst jetzt Frieden haben.«
»Wirst du Friede haben, Conachúr ... morgen?« sagte Naoise. »Fergus marschiert gegen dich.«
»Reg dich nicht auf, Neffe«, sagte der König mit einem grimmigen Lächeln. »Mit Fergus werde ich fertig werden, wenn er kommt. Ich habe lange darauf gewartet, mit ihm ein Ende zu machen. Aber erst einmal bist du an der Reihe, Naoise, du und deine verräterischen Brüder. Eure Stunde hat geschlagen, und ihr werdet jetzt sterben.«
»Barbar und Schurke«, sagte Ainnle.
Aber eine Geste seines Bruders hielt ihn zurück.
»Laß den König tun, was er nicht lassen kann«, sagte er.
»Das muß sein«, sagte Conachúr. Er wandte sich brüsk ab und ging fort.

Nun war der Tag da, und die vier schauten in eine Welt, die gespenstisch und unförmig war, aber eine Welt immerhin. In der Höhe sah man Wolken, grau, immens, unbeweglich wie das Gesicht von Conachúr, und ein kalter Wind fuhr kümmerlich klagend unter sie. Aber weit fort hellte sich das graue Elend des Morgens auf, und ein silbernes Leuchten, schlank wie ein Stab, stieg im Osten hoch.
Zu diesem Leuchten blickten sie hin, und dann schauten sie einander an. Auf die Wachen, die sie umringten, sa-

hen sie nicht. Jedenfalls merkte man es nicht. Aber deren finstere Erscheinungen starrten wie Statuen auf die vier und bewegten keinen Muskel.
»Die Sonne wird gleich aufgehen«, sagte Ardan ...
»Dieser Zauberer ist fort«, flüsterte er. »Wenn wir uns auf die Wachen werfen ...!«
»Das hat keinen Zweck, Bruder. Es sind zuviele und wir haben keine Waffen.«
»Wir hätten einen lustigen Augenblick«, sagte Ardan.
»Wir hatten eine lustige Nacht«, sagte Ainnle. »Sei zufrieden, Kleiner.«

Naoise sah liebend seine Brüder an. »Wir waren immer zusammen, und wir werden immer zusammen sein.«
»Und ich«, sagte Deirdre, »ich soll am Ende übrigbleiben?«
»Liebes Mädchen«, sagte Naoise, »er wird uns töten, aber du wirst am Leben bleiben. Du wirst sehen, wie die Sonne aufgeht, du wirst sie für uns alle anschauen.«
»Mein lieber Mann«, sagte sie, »liebst du mich noch? Liebst du mich noch aufrichtig?«
Seine Augen gaben ihr die Antwort.

»Hier kommt Conachúr«, sagte Ainnle.
»Und ein großer Mann mit ihm«, ergänzte Ardan.
Es war Mainè Rauh-Hand, der Sohn des Königs der blonden Norweger, so sagt man; aber andere meinen, es sei Eogan, Sohn des Durthacht, des Prinzen von Ferney, gewesen.
»Ihr werdet von der Hand eines Edlen sterben, wie es eurem Rang entspricht«, sagte Conachúr.

»Ich werde der erste sein«, sagte Ardan brüsk. »Ich bin der erste bei jeder großen Tat«, erklärte er Conachúr.
»Hört ihn euch an«, lachte Ainnle. »Hab Respekt vor den älteren, junger Mann. Vor den Häuptern unserer Familie.«
Aber Ardan sagte zu Mainè: »Laßt mich der erste sein, lieber Herr.« Dann wandte er sich bittend an Conachúr: »Ich kann es nicht sehen, wie man meine Brüder tötet ...«

Deirdre kniete bei den Leichen und sang ihre Totenklage, die beginnt:

Ich sende Segen ostwärts gegen Schottland ...

Und als sie das Gedicht vollendet hatte, beugte sie sich über die Leiche ihres Mannes: sie trank von seinem Blut, sie starb hingestreckt über seinen Körper.

So endete die Erzählung
vom Schicksal der Söhne von Uisneac,
und hier beginnt der grosse Tain.*

* Tain: Die Saga vom legendären Rinderraub. Teil des umfangreichen Saga-Zyklus von Ulster

DEUTSCHE AUSSPRACHE DER IRISCHEN NAMEN

Ainnle	– Annle
Ardan	– Arden
Armagh	– Armah
Borach	– Bora
Buinne	– Winje
Cathfa	– Kaffa
Conachúr mac Nessa	– Kanahur mock Nessa
Conall Cearnach	– Konal Kiernej
Connacht	– Konnat
Cúchulinn	– Kuhulen
Deirdre	– Daredra, manchmal auch Didre. Die ältere Form ist Derdriu. In der ersten Version bedeutet der Name »Jene, die Unheil ankündigt«, die ältere Form kommt der Bedeutung »Eichenseher« nahe
Emania bzw. Emain Macha Emain Macha	– Ewen Mahe
Felimid	– Fehlimie
Gael	– Gahl
Iollann	– Illam
Lavarcham	– Lewarcam
Naoise	– Nischa. Der Name bedeutet »Der Dunkle«
Uisneac	– Wischna

JAMES STEPHENS – EIN MODERNER MÄRCHENERZÄHLER

Über Geburtsdatum und Kindheit jenes irischen Dichters, dem James Joyce zutraute, er könne »Finnegans Wake« zu Ende schreiben, nämlich James Stephens, liegt ein an Mythen gemahnendes Zwielicht.

Stephens selbst hat zu Lebzeiten alles getan, um Ungewißheiten nicht aufzuklären, sondern zu erhalten. Mag sein, daß dahinter der Wunsch und die Lust standen, auch, was das eigene Leben anging, Realität in Mythe zu verwandeln.

Während Dr. Birgit Brambäck, die Autorin einer biographischen Studie, zu der Erkenntnis gelangt, Stephens habe am 8. Februar 1880 in Dublin das Licht dieser Welt erblickt, nennt der Dichter selbst den 2. Februar 1882 als Geburtsdatum – eben jenen Tag, der auch der Geburtstag seines Freundes James Joyce ist. Stephens selbst berichtet, er sei als Kind von Belfast nach Dublin zu Fuß gewandert. Unterwegs will er vorübergehend als Clown in einem Zirkus aufgetreten sein. In Dublin angekommen, sei er so arm gewesen, daß er zunächst auf Parkbänken habe schlafen und mit einem Schwan um ein Stück Brotrinde habe kämpfen müssen – ein schwieriges Unterfangen für einen Menschen von nahezu zwergenhaftem Körperwuchs.

Eine andere romantische Anekdote berichtet, eine Prostituierte habe ihn bei sich aufgenommen. Er habe sich aber bald genötigt gesehen, dieses Asyl zu verlassen, weil seine Anwesenheit das Mädchen gehindert habe, ihrem Gewerbe nachzugehen.

Wahrscheinlich sah die Realität weit harmloser, aber auch weit weniger romantisch aus. Auf eine Anfrage nach Daten zu seiner Biographie aus den USA im Jahre 1914 antwortete er: »Ich verfüge nicht über eine Vergangenheit, die das Herz der großen amerikanischen Nation würde rühren können. Meine Vergangenheit ist zahm, sie ist hygienisch, deswegen möchte ich sie rasch vergessen. Anders als Jesus Christus wurde ich sowohl mit Hilfe eines Vaters wie einer Mutter geboren.«

Ziemlich sicher ist, daß Stephens zwischen 1886 und 1896 die »Meath Protestant Industrial School« besuchte. Er verließ sie, um danach als Schreiber bei verschiedenen Rechtsanwälten zu arbeiten. Die nüchterne Bürotätigkeit muß ihm ein Greuel gewesen sein. In einem Interview mit »Times« aus dem Jahre 1951 sagte er über diese Zeit: »Während ich Zahlenkolonnen addierte, war ich doch auch damals schon fest davon überzeugt, daß ich ein Dichter werden würde. Stundenlang pflegte ich über große Worte nachzudenken. Mit ›groß‹ meine ich wohlklingende Worte wie ›Ehre‹ und ›edel‹ und ›Mut‹. Ich verbrachte meine Zeit damit, sie niederzuschreiben.«

Es war George Russell (AE), einer der führenden Vertreter der sogenannten »Celtic Revival«, der den jungen Mann ermutigte und die Veröffentlichung des ersten Gedichtbandes förderte, welcher 1909 unter dem Titel »Insurrections« erschien. AE schrieb anerkennend zu diesem ersten Buch: »James Stephens schreibt mit seinem Körper und mit seiner Seele. Es ist erfrischend, in ihm einem Dichter zu begegnen, der nicht das Wörterbuch nach toten Worten durchsucht wie das Rossetti tut, um diese auch noch in die Umgangssprache einzubringen.«

1912 schon erschienen dann jene beiden Bücher, die bis heute in der angelsächsischen Welt vor allem sein Ansehen, ja seinen Ruhm begründet haben. Es sind dies: »The Charwoman's Daughter«, ein die Realität der Dubliner Slums genau und ungeschönt abbildendes Märchen um die »éducation sentimentale« der Tochter einer Dubliner Putzfrau, die sich zunächst in einen Polizisten verliebt, der ihr als Inbegriff stolzer Männlichkeit erscheint, dann aber langsam immer mehr desillusioniert wird. Schon in dieser Geschichte stellt sich heraus, daß Stephens eine besondere Begabung für die Darstellung der Empfindungen von jungen Mädchen auf der Schwelle zum Erwachsensein besitzt.

Das andere, ebenfalls in diesem Jahr erschienene Buch ist »The Crock of Gold«, das man knapp als eine philosophische Feengeschichte charakterisieren könnte.

Mit all dem deutet sich schon an, daß Stephens die Konflikte zwischen Imagination und Realität und die besondere Bedeutung dieses Spannungsfeldes für seine irischen Landsleute interessieren.

Daß er literarisch auch einen ganz anderen Ton anschlagen konnte, bewies er mit seinem Bericht über den Osteraufstand des Jahres 1916 (»The Insurrection in Dublin 1916«), der bis heute als einer der klassischen Augenzeugenberichte dieses für den weiteren Verlauf der Geschichte Irlands so wichtigen Ereignisses gilt. Auch an diesem Text fällt das Unkonventionelle auf und etwas, was sich mit »präziser (also auf definierende Exaktheit zielende) Poesie« umschreiben ließe.

Vor diesen Bucherfolgen war Stephens längere Zeit in Paris gewesen. Er hatte dort häufig im Café des Lilacs in

Montparnasse gesessen, die Passanten beobachtet, Geräusche und Farben auf sich wirken lassen. Später konnte man ihn sagen hören, ein Café sei der beste Ort auf der Welt, um ein Buch zu schreiben.
Nach seiner Rückkehr aus Frankreich war er Assistent des Direktors der National Gallery of Ireland geworden. Walter Starkie, der ihn persönlich kannte, erinnerte sich so an ihn: »Stephens, wann immer wir ihn in diesen weit zurückliegenden Tagen trafen, pflegte sich über die Sorgen und Freuden im Leben eines fahrenden Sängers auszulassen. Er dachte dann laut über die jeweiligen Vorteile von Fiedel und Gitarre nach, die Instrumente des ›jongleur‹. Er saß zumeist mit untergeschlagenen Beinen auf einem Tisch und sang zur Gitarre irische und französische Lieder. Seit der Zeit in Paris trug er eine blaue französische ›pelerine‹, die ihn gewissermaßen von einem Leprechaun in einen skandinavischen Kobold verwandelte.«
Einem anderen Stephens begegnete man, wenn man ihn im Büro aufsuchte: »Er saß in einem Zimmer über der Galerie, zu dem man über eine Wendeltreppe gelangte. Hinter seinem Schreibtisch, umgeben von Büchern, versuchte er pathetisch die Maske eines Staatsbeamten aufzusetzen; um würdiger zu wirken, trug er ein Monokel, was dazu führte, daß er das eine Auge schloß, das Gesicht verzog und aussah wie ein zwergenhafter Zyklop.«

Tatsächlich scheint Stephens sich selbst immer mehr in die Gestalten seiner Geschichten verwandelt zu haben. Vom Wuchs her zwergenhaft, mit einem großen Kopf auf den Schultern und dem dunklen Haar eines Zigeuners, schwankte seine Stimmung zwischen Ausgelassenheit, Bosheit und Melancholie. Typisch für seine Persönlichkeit sind auch seine Verfluchungsgedichte, von denen viele nur improvisiert dargeboten, aber nie aufgeschrieben worden sind. In einem sagt ein trinkfester irischer Vagabund zu einer Wirtin, die ihm nicht mehr einschenken will: »Möget Ihr einen Geist heiraten und ihm Katzen werfen, und möge der Hochkönig der Ehre zulassen, daß Ihr die Räude bekommt!«

James Stephens, das teilt sich indirekt aus seinen Gedichten und Geschichten mit und wird auch von jedem bestätigt, der das nicht immer einfache Vergnügen hatte, ihm persönlich begegnet zu sein, war das, was man in England und Irland nahezu unübersetzbar »a character« nennt, eine mit phantastischem Erzählen und melancholischer Philosophie brillierende Persönlichkeit, jemand, der gern trinkt und immer zu einem geistreichen »practical joke« aufgelegt ist.

Es ist bezeichnend, daß einer von James Stephens literarischen Plänen darauf abzielte, eine irische Tausendundeine-Nacht-Version zu verfassen, dies, nachdem seine Bekanntschaft mit Stephens Mackenna, einem bekannten Sammler irischer Volksmusik, ihn veranlaßt hatte, seine Kenntnisse im Gälischen zu verbessern und Märchen- und Sagentexte im Original zu studieren.

So entstanden zwischen 1920 und 1924 dann drei Bücher, die man als Fragmente einer Arbeit mit einem weitergesteckten Ziel bezeichnen kann, und die eigenwillig-eigenständige Bearbeitungen, ja fast schon Paraphrasierungen folkloristischer Stoffe darstellen.

Nachgestaltungen, freie Übersetzungen und Paraphra-

sen, nicht so sehr der Volksmärchen als vielmehr der Stoffe aus den drei frühen keltischen Sagenkreisen, waren damals in Irland sehr beliebt.
Zu erwähnen wären hier Standish James O'Grady's Cuchulains-Erzählungen, Lady Gregory's »God and Fighting Men« und P. W. Joyce's »Old Celtic Romances.« Während es O'Grady offenbar darauf ankam, stilistisch das Pathos und die Würde der frühen Epen mit anklingen zu lassen, während Lady Gregory den alten Geschichten die Würze eines bestimmten westirischen Dialektes gab, war es P. W. Joyce selbstverkündete Absicht, für die Übersetzung ein »einfaches vertrautes Englisch« zu wählen. Ganz anders Stephens. 1920 schreibt er dazu an seinen Verleger: »Wenn auch das Thema aus fernster Vergangenheit stammt, so habe ich doch vor, es sehr direkt und auf moderne Art zu behandeln. Es werden fünf Bände sein. Jeder Band soll eine in sich abgeschlossene Geschichte enthalten. Er kann für sich selbst stehen, soll aber zugleich auch die Einführung für den jeweils folgenden Band darstellen ... Der erste Band ›In the Land of Youth‹ (deutscher Titel ›Tir Na Óg oder Das Land der Jugend‹) ist fertig. Beim zweiten Band ›Deirdre‹ bin ich praktisch beim letzten Kapitel angelangt.«
Weitere Bände hat es dann aber nie gegeben. Warum das so ist, bleibt eine offene Frage. Es könnte damit zusammenhängen, daß Stephens nach England ging und damit das Thema für ihn nicht mehr von solch aktuellem Interesse war. Außer den im zitierten Brief erwähnten beiden Büchern gehören aber in diesen Themenkreis auch noch die 1920 entstandenen »Irish Fairy Tales«.
Was macht nun Stephens Eigenart der Darstellung aus?

Zunächst einmal wohl die Tatsache, daß Stephens die alten Stoffe mit dem Wissen moderner Psychologie erzählt. Es gibt eine in diesem Zusammenhang typische Bemerkung von ihm, daß »Mythen immer Essays in experimenteller Psychologie« seien.

Ein weiterer Punkt wäre – dies gilt allerdings vor allem für »Irish Fairy Tales« und »In the Land of Youth« – die Verwendung komplizierter Erzählperspektiven. James Stephens hatte eine Korrespondenz zwischen den mythischen Zeitvorstellungen, wie sie sich in den alten Sagas beispielsweise dadurch ausdrücken, daß die Zeit der Sterblichen und die Zeit der Feenwesen mit unterschiedlicher Geschwindigkeit ablaufen, und der Reflexion über das Zeitproblem in der europäischen Moderne (Bergson, Proust) festgestellt. Er zog daraus in der Wahl seiner Erzählperspektiven die entsprechenden Konsequenzen.

Was den mystischen Zug in der Behandlung von Visionen, Metamorphosen, Reinkarnationen etc. angeht, so ist hier Stephens zweifellos von den theosophischen Diskussionen im Irland um die Jahrhundertwende beeinflußt, wie sie vor allem in der »Hermetic Society of the Golden Dawn«, der auch Yeats angehörte, geführt worden sind. Er hat sich aber selbst auch sehr intensiv mit der vor-buddhistischen Philosophie Indiens auseinandergesetzt. (Zusammenhänge zwischen dieser und den Mythen der Kelten sind immer wieder vermutet und untersucht worden. Siehe dazu Alwyn Rees and Brinley Ress, Celtic Heritage – Ancient Traditions in Ireland and Wales, London 1961.)

Schließlich ist Stephens wohl der einzige Vertreter der »Celtic Revival«, der den alten Stoffen auch Komik abzugewinnen weiß. Dieser Zug wird besonders in »Deirdre« deutlich. Man denke daran, wie menschlich-allzumenschlich die großen Helden bei dem Bankett König Conachúrs dargestellt werden. Oder man erinnere sich an die Erzählung Conachúrs über seine Erlebnisse bei der Ausübung des Rechts der ersten Nacht.

Es muß nun wenigstens andeutungsweise erklärt werden, was das Deirdre-Thema für die irische Literatur, und vor allem für die irische Literatur gegen Ende des 19. und zu Beginn des 20. Jahrhunderts bedeutet:

Die Deirdre- und Naoisi-Episode gehört in den sogenannten Ulster-Zyklus, als dessen historischen Kern man sich Ereignisse und gesellschaftliche Zustände kurz nach der Zeitenwende in Irland vorzustellen hat.

Damals, nach Abschluß der keltischen Einwanderungsbewegungen, zerfiel das Land in zahlreiche Kleinkönigreiche. Über diesen Gebietsfürsten stand ein Hochkönig, dessen Macht häufig aber mehr symbolischen Charakter hatte. Die Lebensgrundlage der Bevölkerung war die Viehzucht – eine Situation, die gerade im Ulster-Epos vom Kampf um den Großen Stier, in das auch noch der Nachhall der Auseinandersetzung zwischen matriarchalischen und patriarchalischen Zuständen hineinspielt, mythisch überhöht dargestellt wird.

Stephens hat dieses Thema in seiner Deirdre-Version dadurch besonders betont, daß er zu Anfang auch noch die Ehegeschichte zwischen Maeve und Conachúr wiedergibt, die in der ursprünglichen Deirdre-Geschichte nicht vorkommt.

Der Deirdre-Stoff, der bei den irischen Geschichtenerzählern auch noch den Beinamen »eines der großen Kümmernisse Irlands« trägt, ist sowohl als frühzeitlicher Saga-Text wie auch als märchenhafte Volkserzählung überliefert. Während der mythologische Text sich in den frühesten literarischen Quellen Irlands findet (Buch von Leinster fol. 259b; Gelbes Buch von Lecan fol. 109b; deutsche Übersetzung R. Thurneysen, Sagen aus dem alten Irland, Berlin 1901, Seiten 327–334), erfolgt die Niederschrift der über Jahrhunderte mündlich weitergereichten Version erst im 19. Jahrhundert.

Ein Vergleich beider Fassungen, mit denen Stephens spielerisch und einzelne Momente ironisch verfremdend umgeht, gibt interessante Aufschlüsse über die Veränderung eines solchen Themas bei langwährender mündlicher Tradition.

Romantische Liebe, Liebe, die sich um das Risiko nicht kümmert, Liebe in ihrem Zusammenhang und ihrer Bezogenheit auf Tod und Sterben stehen dem Wesen der meisten Iren besonders nahe. Liebe als Leidenschaft, bis hin zur Selbstzerstörung, findet in diesem Land besondere Beachtung. Vielleicht auch deswegen, weil der Liebe zu Irland nicht selten ein Moment von Aussichtslosigkeit und ein Zug von trotzig bejahtem Masochismus innewohnte und immer noch innewohnt.

So betrachtet, ist die Geschichte um »Deirdre«, die mit dem Tristan-und-Isolde-Stoff aus Wales korrespondiert, auch ein nationales Symbol. Deirdres Schönheit hat gälische Poeten über Jahrhunderte hin inspiriert.

In der »Celtic Revival« bzw. in der Irischen Renaissance haben dann fast alle wichtigen Autoren ihre Version dieses Stoffes geschrieben. So AE 1902, so W. B. Yeats

1906, in dessen Theaterfassung Deirdre als ein übernatürliches Wesen auftritt – das Stück ist in seiner Machart aber deutlich von der elizabethanischen Tragödie beeinflußt und hat sich in der Handlung von der alten Geschichte beträchtlich entfernt.
1910 schließlich brachte das Abbey Theatre in Dublin das Theaterstück »Deirdre of the Sorrows« von John M. Synge heraus. Der Dichter war zu diesem Zeitpunkt schon zehn Monate tot. Synge betont in seiner Version die Ängste des Alterns und den Verfall der Liebe. Er schrieb in den alten Stoff seine individuellen Ängste hinein, die sich aus dem Wissen um seinen baldigen Tod und aus seiner Eifersucht ergaben. Er war zu dieser Zeit mit der jungen Schauspielerin Molly Allgood oder Maire O'Neill verheiratet, der die Rolle der tragischen Heldin des Stückes auf den Leib geschrieben ist. Sie hat diese Rolle dann auch bei der berühmten ersten Aufführung im Abbey Theatre am 13. Januar 1910 gespielt. Das offene Grab im letzten Akt des Stückes kann als grimmiges Symbol dafür betrachtet werden, daß Synge das Stück im Wettlauf mit dem Tod schrieb.
Als James Stephens sich daran machte, den Stoff zu gestalten, gab es also eine stillschweigend akzeptierte Konvention, daß jeder, der ihn aufgriff, ganz bewußt seinen individuellen Akzent setzte, seine Vorlieben mit einbrachte.
Von all ihren Vorläufern unterscheidet sich Stephens' Version durch die Form. Er schrieb einen Roman, kein Theaterstück wie seine Vorgänger. Als einziger von allen das Thema in der Moderne erneut aufgreifenden Autoren gibt Stephens die gesamte Geschichte wieder. Er stellt ei-

nen Zusammenhang her zwischen den Erfahrungen, die König Conachúr in seiner Ehe mit Maeve macht und dessen Entscheidung, das Kind, das unter einer bedrückenden Prophezeiung zur Welt kommt, nicht zu töten.
Wer die frühe Saga-Fassung und einige spätere, dem Bereich des Volksmärchens entstammende Versionen vergleicht, dem wird erst klar, was Stephens für die Plausibilität der Handlung getan hat. Es gelingt ihm, sie aus einer merkwürdigen Isoliertheit zu befreien, sie psychologisch schlüssiger zu machen, ihre Tragik in einen größeren Zusammenhang zu stellen und sie von daher besser zu begründen. Dabei wird die Geschichte Deirdres fast zu einer Geschichte Conachúrs, zur Geschichte eines Mannes, dessen Tragik darin besteht, daß er auf ungewöhnliche Frauen fixiert ist, aber sie nicht begreift. Diese Konstellation ist es, die die Geschichte psychologisch für uns – abgesehen von ihrem literarhistorischen Wert – interessant, ja durchaus auch aktuell macht. Männer wie Conachúr, wer kennte sie heute nicht! Wer würde als Mann Conachúrs Reaktionen hin und wieder nicht auch bei sich selbst wahrnehmen! Wer, als männliches Wesen, fühlte sich nicht höchst persönlich durchschaut, wenn Lavarcham ihrem Schützling Deirdre erklärt, wie man Ehemänner zu behandeln habe!
Andererseits ist hier Modernes und Aktuelles einem alten Stoff nicht zwanghaft-zufällig aufgesetzt.
Wenn man davon ausgeht, daß die Handlung der Geschichte (nicht deren erste schriftliche Fixierung) im ersten oder zweiten Jahrhundert vor oder nach der Zeitenwende spielt, so läßt sich sagen, daß zu dieser Zeit die Konflikte zwischen matriarchalischen und patriarchali-

schen Rollenvorstellungen tatsächlich bestanden haben. Andererseits wird man, wenn man von den Konsequenzen der intellektuellen Neigungen bei Assa (die Sanfte) bzw. Nessa (die Unsanfte) erfährt, an gewisse Frauenschicksale aus der Zeit der Suffragetten erinnert.
Gerade in der Gestaltung solcher Motive, in der Aufhebung der Kategorie Zeit durch behutsame Überblendung des Früheren mit dem Heutigen erweist sich Stephens' Meisterschaft.
Wir begegnen hier einem Autor, dessen Beschäftigung mit dem Mythos aus ganz ähnlichen Gründen erfolgte wie jene, die uns heute auch wieder verlocken.
Am treffendsten hat vielleicht Augustine Martin in seinem Buch »James Stephens – A Critical Study« die spezifische Eigenart der Stephens'schen Darstellungskunst zwischen Imagination und psychologischem Realismus charakterisiert. Er schreibt: »Die archetypischen Muster der Charaktere und der Situation, das aufeinander Einwirken primärer Emotionen wie Liebe, Stolz, Eifersucht, Wut, Rachedenken und Kriegereitelkeit werden bis zu einem Punkt vorangetrieben, der jenseits der sonst üblichen Konventionen des Realismus liegt.«
Für »Deirdre« wurde James Stephens 1924 mit dem bedeutenden Preis für Gälische Literatur ausgezeichnet – sehr zu recht, wenn man die Erzählhaltung dieser Geschichte bedenkt, der sich, bei aller modernen Behandlung des Stoffes, mit der »catefable« eines Shanachie vergleichen läßt, eines irischen Märchenerzählers, der sein Publikum gerade durch sein Improvisationsvermögen bezaubert.
Kein Zweifel kann andererseits darüber bestehen, was

Stephens von den »patriot games« (den chauvinistischen Patriotenspielen) seiner Landsleute gehalten hat, die er im Exzeß während der »Black and Tan troubles« und dem Bürgerkrieg zur Genüge miterlebte.

Diese Erfahrungen mit einem schwierigen Vaterland trugen entscheidend mit dazu bei, daß er im Januar 1924 Irland verließ und nach England ging, wo er bis zu seinem Tod im Jahr 1950 lebte – gegen Ende seines Lebens vor allem bekannt als Verfasser brillanter, aber ungewöhnlicher, versponnener Rundfunksendungen in der BBC. Während des Zweiten Weltkriegs hat er aus Protest gegen die Neutralität Irlands bei der Auseinandersetzung mit dem Faschismus sogar die irische Staatsangehörigkeit abgelegt und ist Brite geworden.

Die großen Helden der irischen Frühzeit in der Art eines Jacques Offenbach satirisch darzustellen, wie das in »Deirdre« geschieht, war auch im Irland der zwanziger Jahre nicht selbstverständlich, und der Autor dürfte sich in einem Land, das gegen Kritik seiner Schriftsteller sehr häufig mit Bannflüchen und wütender Entrüstung reagiert hat, nicht nur Freunde gemacht haben. Daß diese Helden uns gerade durch Komik und Groteske liebenswert und unvergeßlich werden, ohne daß die Wucht der Tragik verlorenginge – auch darin erweist sich Stephens' literarisches Können, das von zorndurchtränkter Liebe zu Irland mit angetrieben wird.

In James Stephens' Werk öffnet sich die Irische Renaissance zur Moderne. Es ist kein Zufall, daß James Stephens den vielleicht wichtigsten Autor der irischen Literatur in der ihm nachfolgenden Generation, Flann O'Brien, stark beeinflußt hat, daß O'Briens Werk in vielem wie eine Fortsetzung gewisser schon bei Stephens beginnender Experimente wirkt. Flann O'Brien, in gültigen Übersetzungen in deutscher Sprache vorliegend, ist auch einer jener irischen Autoren, die bisher nur einem kleinen Kreis literarischer Connaisseurs bekannt geworden sind, bei denen er allerdings in hohen Ehren steht. James Stephens gilt es für den deutschen Sprachraum noch zu entdecken und bekannt zu machen. Es ist zu hoffen, daß mit der »Deirdre« diese Entdeckung ihren Anfang nimmt.

Frederik Hetmann, Nomborn/Westerwald,
Frühjahr 1985